증세와 병명으로 찾는
애견 질병 사전

감수 | 오가타 무네츠구(小方 宗次) · 아자부(麻布)대학 수의학부 부속동물병원 소동물부문장
옮긴이 | 김영주

Green Home

머리말

애견은 이제 더 이상 애완동물이 아니다. 우리 가족의 일원이다. 애견이 건강하게 생활하려면 질병으로부터 그들을 보호해야 한다. 이 책이 애견의 건강을 지키는 데 많은 도움이 되기를 바란다.

❀ 평소와 다른 몸짓에서 질병의 신호를 발견한다.
애견은 "아프다", "열이 난다" 등 자신의 감정을 말로 호소하지 못한다. 그러므로 애견을 기르는 우리가 평소와 다른 애견의 몸짓을 통해 질병의 신호를 파악해야 한다. 이 책은 애견의 몸짓을 통해서 알 수 있는 질병에 대해 자세히 설명하고 있다.

❀ 병에 관한 지식을 익히면 대책과 예방이 가능하다.
이 책은 애견의 질병에 관해서 알고 싶을 때 도움이 된다. 애견이 잘 걸리는 질병, 그리고 각각의 원인, 증세, 치료, 예방법을 설명하고 있다. 질병에 관한 지식이 있으면 애견이 질병에 걸렸을 때 곧바로 대처할 수 있다.

❀ 유사시 침착한 대응과 처치가 가능하다.
열사병이나 출혈 등 긴급 처치가 필요한 경우가 있다. 이 책은 그럴 때 도움이 되는 응급처치법을 그림으로 알기 쉽게 설명하고 있다.

❀ 당신의 애견이 잘 걸리는 질병을 알 수 있다.
애견의 종류에 따라 비교적 잘 걸리는 질병을 소개하고 있다. 알아두면 평소에 충분히 예방할 수 있다.

contents ✽
증세와 병명으로 찾는 애견 질병 사전

머리말 ································· 02
색인 ································· 08

알아야 할 9가지 건강 체크 방법

체온을 재는 방법 ······················ 12
맥박을 재는 방법 ······················ 14
약을 먹이는 방법 ······················ 14
호흡수를 재는 방법 ····················· 15
안약을 넣는 방법 ······················ 16
발톱을 깎는 방법 ······················ 16
귀 청소 ··································· 17
이 닦기 ··································· 17
몸무게 측정 방법 ······················ 18

part 01
애견의 SOS를 놓치지 말자

산책할 때의 SOS는 이런 점에 숨어 있다

SOS 01 소변색에 변화가 없는지 살펴보자
소변이 붉다 ··························· 22
소변이 탁하다 ························ 23
소변이 반짝반짝 빛난다 ·············· 23
소변색이 진하거나 연하다 ··········· 24
소변이 나오지 않는다 ················ 24
소변이 황금색에 가깝다 ·············· 24

SOS 02 대변색과 형태에 이상이 없는지 살펴보자
대변이 묽다 ··························· 25
대변에 피가 섞여 있다 ················ 26
대변을 보지 못한다 ··················· 27
SOS 03 걷는 자세에 이상이 없는지 살펴보자
비틀비틀·휘청휘청거리며 걷는다 ····· 28
발을 땅에 질질 끌며 걷는다 ··········· 28
발 모양이 이상하다 ··················· 29

음식물 먹을 때의 SOS는 이런 점에 숨어 있다

SOS 01 식욕의 변화를 살펴보자
음식물을 먹지 않는다 ········· 32
음식물을 남긴다 ············· 33
SOS 02 냄새를 맡고 음식물을 먹는 모습을 살펴보자
입냄새가 심하다 ············· 34

음식물을 흘린다 ············· 35
SOS 03 마시는 물의 양을 살펴보자
물을 벌떡벌떡 마신다 ········· 36
SOS 04 체형의 변화를 살펴보자
몸무게가 증가했다 ··········· 37

손질할 때의 SOS는 이런 점에 숨어 있다

SOS 01 얼굴 주위에 변화가 없는지 살펴보자
눈곱과 눈물이 나온다 ········· 40
눈을 비빈다 ················ 41
콧물을 흘린다 ··············· 42
침을 많이 흘린다 ············ 43
SOS 02 배의 볼록한 상태를 살펴보자

배가 부어 있다 ············· 44
생식기가 부어 있다 ·········· 45
SOS 03 피부와 털을 살펴보자
몸을 긁는다 ··············· 46
비듬이 생긴다 ·············· 47
털이 빠진다 ··············· 47

평소의 몸짓 속에 SOS가 숨어 있다

SOS 01 얼굴과 머리의 동작을 살펴보자
머리를 흔든다 ··············· 50
열이 난다 ················· 51
SOS 02 악취를 점검하자
온몸에서 악취가 난다 ········· 52
귀에서 냄새가 난다 ··········· 52
입에서 냄새가 난다 ··········· 53
엉덩이에서 악취가 난다 ······· 53
SOS 03 기침과 호흡의 이상을 살펴보자
기침을 한다 ················ 54
숨을 거칠게 내쉰다 ··········· 55
SOS 04 엉덩이의 움직임을 살펴보자
엉덩이를 땅에 대고 비벼댄다 ··· 56

SOS 05 집에 혼자 있을 때의 행동을 살펴보자
집에 혼자 있으면 대소변을 가리지 못한다 ··· 57
주인이 외출할 때 짖는다 ········· 58
혼자 있을 때 물건을 부순다 ······· 58
혼자 있게 되면 몸을 벌벌 떤다 ···· 58

part 02
알아야 할 질병 지식

피부병
알레르기성 피부염 ·········· 62
세균 · 진균성 피부염 ·········· 64
기생충에 의한 피부염 ·········· 66
호르몬 이상에 의한 피부염 ·········· 68

귀의 병
외이염 ·········· 71
귀개선충증 ·········· 72
이혈종 ·········· 72

눈의 병
각막염 · 결막염 ·········· 75
백내장 ·········· 76
녹내장 ·········· 76

입과 이의 병
구내염 · 구순염 ·········· 79
치주병 ·········· 80

코의 병
비염 ·········· 83
비출혈 ·········· 84
비강협착 ·········· 84

감염증
디스템퍼 ·········· 88
켄넬코프 ·········· 88
파보 바이러스 감염증 ·········· 90
코로나 바이러스성 장염 ·········· 90

기생충병
필라리아증 ·········· 94
회충증 ·········· 96
편충증 ·········· 96
구충증 ·········· 98
촌충증 ·········· 98

뼈와 관절의 병
추간판 헤르니아 ·········· 101
고관절 형성부전 ·········· 102
대퇴골두 무혈성 괴사 ·········· 104
무릎의 전십자인대 단열 ·········· 104

심장의 병
승모판 폐쇄부전증 ·········· 107
심실중격 결손증 ·········· 108
심부전 ·········· 108

호흡기의 병
기관 허탈 ·········· 111
폐수종 ·········· 112
폐렴 ·········· 112

소화기의 병
위염전 ………………………… 115
급성·만성 위염 ……………… 116
장폐색 ………………………… 118
항문낭염 ……………………… 118

간장의 병
급성 간염 ……………………… 121
만성 간염 ……………………… 121
개 전염성 간염 ……………… 122
간경변 ………………………… 122

비뇨기의 병
신염 …………………………… 125
요로결석 ……………………… 126
신부전 ………………………… 126

생식기의 병
자궁축농증 …………………… 129
유선염 ………………………… 130
전립선 비대 …………………… 130

암
피부암 ………………………… 133
유방암 ………………………… 134
혈액암 ………………………… 134

호르몬의 병
당뇨병 ………………………… 137
쿠싱증후군 …………………… 138
요붕증 ………………………… 138

뇌의 병
간질 …………………………… 141
수두증 ………………………… 141

혈액의 병
용혈성 빈혈 …………………… 143
혈소판 감소증 ………………… 143

중독
음식물 중독 …………………… 145
약품 중독 ……………………… 145

마음의 병
분리불안 ……………………… 147
강박신경증 …………………… 147

병원 검사
소변 검사 ……………………… 149
대변 검사 ……………………… 149
혈액 검사 ……………………… 150

part 03

수의사에게 배우는 응급처치

골절 ········· 152	이물질을 먹었을 때 ········· 157
감전 ········· 153	경련 ········· 158
출혈 ········· 154	벌레 물림 ········· 159
화상 ········· 155	물에 빠졌을 때 ········· 160
열사병 ········· 156	애견이 쓰러져 있다면 ········· 161
	쇼크시의 응급조치 ········· 162
	인공호흡법 ········· 162
	심폐소생법 ········· 162

part 04

애견 종류별 손질법

골든 리트리버 ········· 164	셰틀랜드 십독 ········· 170
래브라도 리트리버 ········· 166	닥스훈트 ········· 172
시바 ········· 168	포메라니안 ········· 174
	시추 ········· 176
	말티즈 ········· 178
	웰시 코기 펨브로크 ········· 180
	비글 ········· 182
	치와와 ········· 184
	파피용 ········· 186
	푸들 ········· 188
	요크셔 테리어 ········· 190

색인

부위별 색인 | 모든 병명 가나다순 색인 | 증세 ★, 병명 ●, 그 외 ■

| 머리 부위 |

각막염 75
간질 141
결막염 75
구내염 79
구순염 79
귀개선충증 72
녹내장 76
백내장 76
비강협착 84
비염 83
비출혈 84
수두증 141
외이염 71
이혈종 72
치주병 80

| 가슴 부위 |

기관허탈 111
승모판 폐쇄부전증 107
심부전 108
심실중격 결손증 108
유방암 134
유선증 130
폐렴 112
폐수종 112

| 배 부위 |

간경변 122
개 전염성 간염 122
급성 위염 116
만성 위염 116
신부전 126
신염 125
요로결석 126
자궁축농증 129
장폐색 118
전립선 비대 130
항문낭염 118

| 전신 |

강박신경증 147
고관절 형성부전 102
구충증 98
기생충에 의한 피부염 66
당뇨병 137
대퇴골두 무혈성 괴사 104
디스템퍼 88
무릎의 전십자인대 단열 104
분리불안 147
세균·진균성 피부염 64
알레르기성 피부염 62
요붕증 138
용혈성 빈혈 143
중독 144
촌충증 98
추간판 헤르니아 101
켄넬코프 88
코로나 바이러스성 장염 90
쿠싱증후군 138
파보 바이러스 감염증 90
편충증 96
피부암 133
필라리아증 94
혈소판 감소증 143
혈액암 134
호르몬 이상에 의한 피부염 68
회충증 96

| ㄱ |

● 각막염 75
● 간경변 122
● 간염 51, 121
● 간장의 병 24, 44, 47, 120
● 간질 141
● 강박신경증 147
● 감염증 25, 26, 43, 51, 86
★ 감전 153
● 갑상선 기능 저하증 61, 68, 69

- 갑상선호르몬 68
- 개구충 92
- 개사상충 93, 94
- 개선충 67
- 개선충증 60, 66, 67
- 개소회충 92
- 개응애 61, 66, 67
- 개응애증 66, 67
- 개의 피부 60
- 개 전염성 간염 122
- 개 전염성 후두 기관염 54, 88
- 개촌충 93
- 개편충 93
- 개회충 92
- 건강한 대변 26
- ★ 걷는 자세가 이상하다 28, 102, 104, 145
- 결막염 75
- ★ 경련 140, 145, 158
- 고관절 형성부전 29, 102
- 골든 리트리버 164
- 골연화증 29
- ★ 골절 152
- 구루병 29
- 구조할 때 응급조치방법 161
- 구내염 43, 79
- 구순염 79
- 구충증 98
- ★ 구토 88, 90, 96, 116, 118, 121, 122, 126, 129, 134, 145
- 귀개선충 51, 72
- 귀개선충증 70, 72
- 귀의 병 51, 70

- ★ 귀지 53, 71
- 귀 청소 17
- 급성 간염 121
- 급성 위염 116
- 급성 필라리아증 94
- 기관지염 55
- 기관허탈 111
- 기생충 25, 26, 44, 56, 92
- 기생충에 의한 피부염 66
- ★ 기침을 한다 54, 88, 107, 108, 111, 112

| ㄴ |

- 내이염 70
- 녹내장 76
- 농피증 61, 64
- 뇌의 병 140
- 뇌종양 141
- ★ 눈곱과 눈물이 나온다 40
- ★ 눈을 비빈다 41
- 눈의 병 40, 41, 42, 74

| ㄷ |

- 닥스훈트 172
- 당뇨병 24, 36, 137
- 대변 검사 148, 149
- ★ 대변에 피가 섞여있다(혈변) 25, 27, 143
- ★ 대변을 보지 못한다 27
- ★ 대변이 묽다 25
- 대퇴골두 무혈성 괴사 29, 104
- 디스템퍼 88

| ㄹ |

- 래브라도 리트리버 166
- 렙토스피라증 87

| ㅁ |

- 마음의 병 57, 146
- 마이크로 필라리아 94
- 만성 간염 121
- 만성 위염 116
- 말티즈 178
- 맥박을 재는 방법 14
- ★ 머리를 흔든다 50
- ★ 멀미 43
- 모포충 60, 66
- 모포충증 60, 66, 67
- 몸무게가 증가했다 37
- 몸무게 측정 방법 18
- ★ 몸을 긁는다 46
- 무른 변 25
- 무릎의 전십자인대 단열 29, 104
- ★ 물에 빠졌다 160
- ★ 물을 벌떡벌떡 마신다 36, 138

| ㅂ |

- 바이러스 86
- ★ 발 모양이 이상하다 29
- ★ 발에서 냄새가 난다 52
- ★ 발을 땅에 질질 끌며 걷는다 29
- 발톱을 깎는 방법 16
- 배가 부어 있다 44, 129
- 백내장 76
- 백신 접종 91

- 백혈병 134
- 벌레 물림 159
- 벼룩 알레르기 60, 62, 67
- 부비강염 35, 83
- 부신피질 기능 항진증
  (쿠싱증후군) 61, 68, 69, 138
- 부신피질호르몬 68
- 분리불안 58, 146, 147
- 부르셀라증 87
- 비강협착 84
- 비글 182
- 비뇨기의 병 23, 24, 35, 44, 124
- ★ 비듬이 생긴다 46
- ★ 비만 37
- 비만세포종양 133
- 비염 83
- 비출혈 84
- ★ 비틀비틀·휘청휘청거리며 걷는다 28
- 빈혈 96, 98, 143
- 뼈와 관절의 병 100

| ㅅ |

- ★ 생식기가 부어 있다 45
- 생식기의 병 45, 128
- 선암 133
- ★ 설사 90, 96, 98, 116, 121, 122, 126, 145
- 세균 86
- 세균·진균성 피부염 64
- 셰틀랜드 십독 170
- 소변 검사 149
- 소변을 병원으로 가지고 간다 23
- ★ 소변이 나오지 않는다 24
- ★ 소변이 반짝반짝 빛난다 23
- ★ 소변이 붉다 ➞ 혈뇨
- 소변색이 진하거나 연하다 24
- ★ 소변이 탁하다 23
- ★ 소변이 황금색에 가깝다 24
- 소변을 받는 방법 22
- 소화기의 병 25, 26, 35, 114
- 쇼크시의 응급처치 162
- 수두증 141
- ★ 수정체가 탁하다 76
- ★ 숨을 거칠게 내쉰다 55
- 스트레스 146
- 승모판 폐쇄부전증 107
- 시바 168
- 시추 176
- 식도염 43
- ★ 식욕의 변화 32
- 신경장애 43
- 신부전 24, 126
- 신염 36, 51, 125
- 심부전 108
- 심실중격 결손증 108
- 심장의 병 44, 46, 47, 54, 55, 106
- 심폐소생법 162

| ㅇ |

- 아토피성 피부염 62
- 악성임파종 134
- 안검 내반증 75
- 안검 외반증 75
- 안약을 넣는 방법 16
- 알레르겐 62
- 알레르기성 피부염 61, 62
- ★ 액체 상태의 변 25
- 약을 먹이는 방법 14
- 약품 중독 145
- 양파 중독 143, 145
- ★ 엉덩이를 땅에 대고 비벼댄다 56
- ★ 엉덩이에서 악취가 난다 53
- 열사병 156
- ★ 열이 난다 51, 88, 130
- ★ 열이 많다 51
- 예방접종 89
- ★ 온몸에서 악취가 난다 52
- 외이염 53, 70, 71
- 요로결석 23, 24, 126
- 요붕증 138
- 요크셔 테리어 190
- 용혈성 빈혈 143
- 웰시 코기 펨브로크 180
- 위염 51, 116
- 위염전 115
- 위확장 115
- 유방암 134
- 유선염 130
- 음식물성 알레르기 63
- 음식물 중독 145
- ★ 음식물을 남긴다 33
- ★ 음식물을 먹지 않는다 32
- ★ 음식물을 흘린다 35
- 이닦기 17

- ★ 이물질을 먹었다 156
- ★ 이상행동 146
- ● 이의 병 35, 53, 78
- ● 이혈종 70, 72
- ■ 인공호흡법 162
- ■ 인슐린 137
- ★ 입에서 냄새가 난다 34, 53
- ● 입의 병 35, 53, 78

| ㅈ |

- ● 자궁축농증 23, 36, 44, 45, 53, 129
- ● 장폐색 44, 118
- ★ 재채기 88
- ● 전립선 비대 23, 27, 130, 131
- ★ 점액변 27
- ● 접촉성 알레르기 63
- ● 정소종양 45, 128
- ● 종양 134
- ★ 주인이 외출할 때에 짖는다 58
- ● 중독 23, 51, 144, 157
- ● 중이염 53, 70, 71
- ★ 진흙 형태의 변 25
- ● 질염 45
- ★ 집에 혼자 있으면 대소변을 가리지 못한다 57

| ㅊ |

- ■ 체온계 사용법 12
- ■ 체온을 재는 방법 12
- ★ 체형의 변화 37
- ■ 촌충 98
- ● 촌충증 98

- ● 추간판 헤르니아 29, 101
- ● 축농증 83
- ★ 출혈 154
- ■ 치석 80
- ● 치와와 184
- ● 치육염 80
- ● 치조농루 80
- ● 치주병 43, 80
- ● 치주염 80
- ★ 침샘의 염증 43
- ★ 침을 많이 흘린다 43

| ㅋ |

- ● 켄넬코프 54, 88
- ● 코로나 바이러스성 장염 90
- ● 코의 병 42, 82
- ★ 콧물을 흘린다 42
- ● 쿠싱증후군 37, 68, 138

| ㅌ |

- ★ 타르변 27
- ★ 털이 빠진다 47

| ㅍ |

- ● 파보 바이러스 감염증 90
- ● 파상풍 87
- ■ 파피용 186
- ● 편충증 96
- ● 편평상피암 133
- ● 폐렴 51, 54, 112, 113
- ● 폐수종 107, 112
- ■ 포메라니안 174
- ■ 푸들 188

- ● 피부병 46, 47, 52, 60
- ● 피부암 133
- ● 피부진균증 60, 64, 65
- ■ 필라리아 93
- ● 필라리아증 23, 54, 94

| ㅎ |

- ● 항문낭염 53, 56, 118, 119
- ● 헤르니아 101
- ★ 혈뇨 22, 125, 143
- ★ 혈변 ➡ 대변에 피가 섞여 있다
- ● 혈소판 감소증 143
- ■ 혈액 검사 150
- ● 혈액암 134
- ● 혈액의 병 142
- ● 호르몬의 병 47, 136
- ● 호르몬 이상에 의한 피부염 47, 68
- ● 호흡기의 병 54, 55, 110
- ■ 호흡수를 재는 방법 15
- ★ 혼자 있게 되면 몸을 벌벌 떤다 58
- ★ 혼자 있을 때 물건을 부순다 58
- ● 화상 155
- ★ 황달 24, 94, 122, 143
- ● 회충증 96

알아야 할 9가지 건강 체크 방법

알아야 할 9가지 건강 체크 방법

애견이 질병을 호소하는 신호를 알아차리기 위해서는 평소 애견의 건강상태를 알고 있어야 한다. 평상시의 체온, 맥박, 호흡수, 체중을 미리 알아두면 열이 난다, 맥박이 빠르다, 호흡이 거칠다, 체중이 증가한다 등 각 상태에 대한 원인을 짐작할 수 있다. 아울러 약을 먹이는 방법, 귀와 이 그리고 발톱을 손질하는 방법을 익혀서 애견이 항상 건강하게 생활할 수 있게 하고, 질병도 미리 예방하자.

체온을 재는 방법

● 체온계 사용법

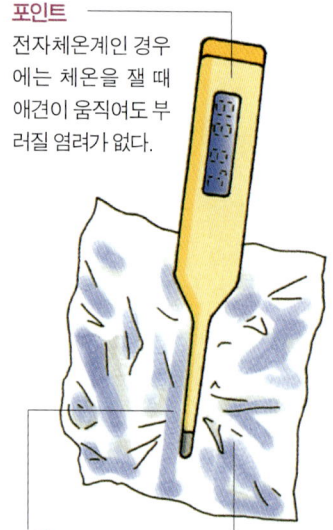

포인트
전자체온계인 경우에는 체온을 잴 때 애견이 움직여도 부러질 염려가 없다.

포인트
끼워 넣는 부분이 긴 것이 사용하기 쉽다.

포인트
맨 끝부분을 랩으로 둘둘 말아서 사용하면 체온계를 깨끗하게 사용할 수 있어 편리하다.

● 대형견의 체온 재는 법

포인트
꼬리를 바싹 들어올리면 항문이 보인다.

포인트
애견이 두려워하는 경우도 있기 때문에 두 사람이 한 조가 되어 실시한다. 한 사람이 애견을 껴안고 "괜찮아" 하고 말하며 안정시키면서 체온을 잰다.

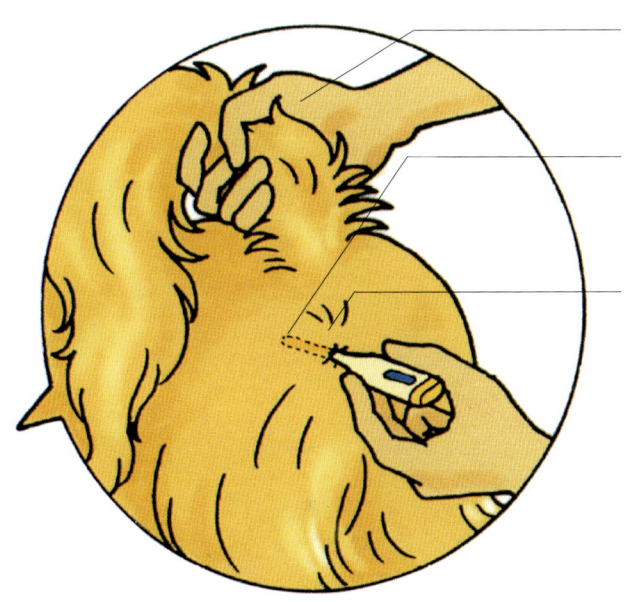

포인트
체온계를 끼워 넣는 동안에 개가 움직이지 않도록 잘 붙잡는다.

포인트
체온계의 끝부분에 오일을 발라두면 항문에 쉽게 끼워 넣을 수 있다.

포인트
체온계를 3~5cm 끼운다.

표준 체온	
소형견 38.6~ 39.2°C	 대형견 37.5~ 38.6°C

●소형견의 경우

건강할 때 체온을 미리 기록해두자!

개의 체온은 항상 일정하지 않다. 오전에는 낮아지고 오후에는 높아지며, 특히 운동한 후에는 체온이 한층 올라간다. 그러므로 개가 건강한 상태일 때, 일정한 시간에 체온을 재 평상시의 체온을 조사해둔다.
    체온이 평소보다 1℃ 정도 높거나 낮으면 어딘가에 이상이 있다는 것을 암시하므로 어떤 증세가 없는지 살펴본다. 만일 체온이 40℃를 넘으면 위험한 상태이므로 곧바로 병원으로 데리고 간다.

포인트
한쪽 팔로 개를 껴안듯이 누른다. 그리고 다른 손을 이용해 체온계를 항문에 끼워 넣는다.

맥박을 재는 방법

열이 날 때나 심장, 호흡기에 질병이 있어도 맥박수가 증가한다. 평소 애견의 표준 맥박수를 측정해두자. 뒷다리가 몸통과 연결되는 곳에 동맥이 있다. 그 곳에 손을 대고 맥박수를 잰다.

표준 맥박수

소형견	대형견
60~80 회/분	40~50 회/분

포인트

개를 눕히고 뒷발을 들어올린다. 몸통과 다리가 연결되는 부분을 손으로 더듬으면 맥박 재는 곳을 찾을 수 있다. 그 곳에 손을 대고 15초간 맥박수를 잰다. 그 수에 4를 곱하면 1분간의 맥박수를 알 수 있다.

15초간의 맥박수 × 4 =

1분간의 맥박수

약을 먹이는 방법

● 알약

먹을 때까지 입을 꼭 붙잡는다
집게손가락을 집어넣어 입을 크게 벌린다. 약을 넣은 후 입을 누르고 완전히 삼킬 때까지 기다린다.

호흡수를 재는 방법

열이 날 때는 호흡이 거칠어진다. 특별히 운동을 하지 않았는데도 거친 숨을 내쉴 때는 호흡수를 재 평소보다 빠르지 않은지 확인한다.

포인트
개와 마주앉아 15초간의 호흡수를 잰다. 코끝으로 내쉬는 숨이나 가슴의 움직임으로도 측정할 수 있다. 숨을 들이마셨다가 내쉬는 동작을 호흡수 1 로 한다.

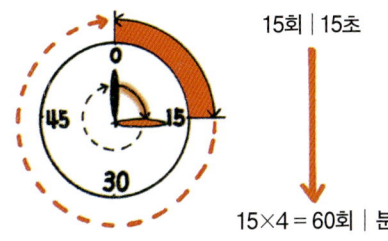

15회 | 15초

15×4 = 60회 | 분

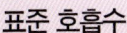

표준 호흡수

 소형견 20~30회 | 분

 대형견 15회 | 분

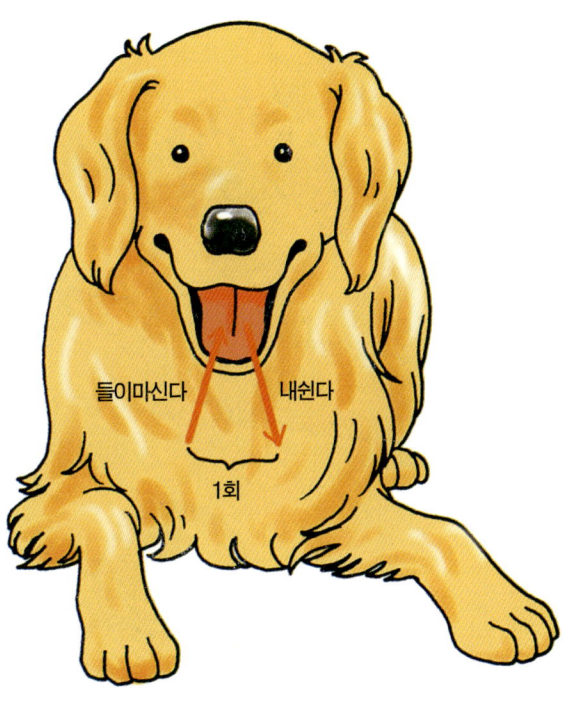

들이마신다　내쉰다

1회

빵으로 싸서 먹인다
약을 빵이나 음식물에 싸서 먹인다. 물기가 있는 음식을 손으로 주물러 둥글게 만든 뒤, 그 속에 약을 넣어 먹이는 것도 좋은 방법의 하나이다.

● **가루약**

밥에 섞는다
가루약인 경우에는 매일 먹는 음식물에 섞는다.

알아야 할 9가지 건강 체크 방법

안약을 넣는 방법

● **점안약**

개의 얼굴을 위쪽으로 향하게 한 뒤, 한 손으로 목덜미를 붙잡고 눈을 벌린다. 점안약을 위쪽에서 몇 방울 떨어뜨린다.

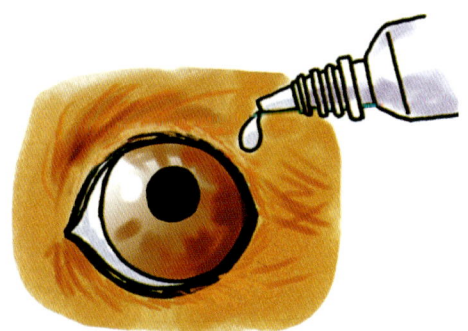

● **연고**

아래쪽 눈꺼풀을 잡아당기고 그 안쪽에 선을 긋듯이 바른 후, 눈꺼풀을 눌러 천천히 덮는다. 가볍게 마사지해 연고가 고루 퍼지게 한다.

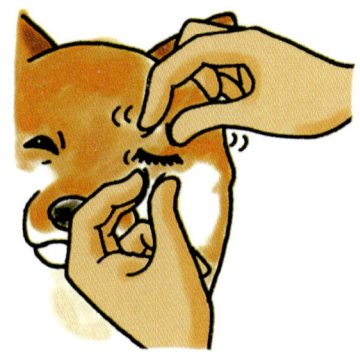

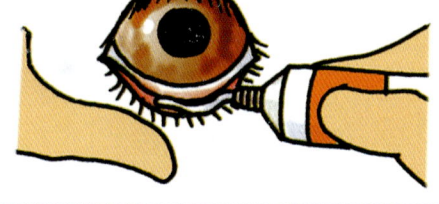

발톱을 깎는 방법

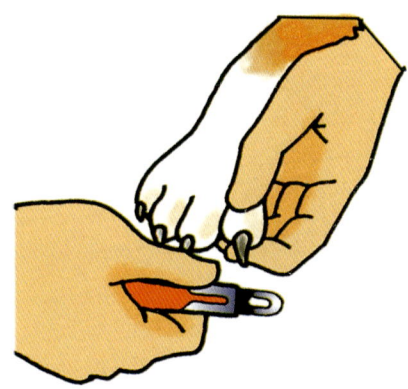

엄지손가락으로 개의 발끝을 잡아 누르면 발톱이 앞으로 나와 쉽게 깎을 수 있다.

● **검은 발톱**

발톱이 검은 색일 때는 혈관이 잘 보이지 않는다. 대강 눈짐작으로 깎을 수밖에 없다. 깎은 자리가 매끄럽지 않으면 더 깎아낸다. 만일 혈관 부분까지 깎아냈다면 지혈용 파우더를 발라준다. 파우더는 애견 용품점에서 구입할 수 있다.

● **흰 발톱**

흰 발톱은 밝은 빛에 비추면 혈관이 보인다. 혈관 끝을 확인한 뒤에 발톱을 깎는다. 이 때 신경이나 혈관이 있는 부분이 다치지 않도록 앞쪽을 깎는다.

귀 청소

눈에 보이는 범위 내에서 귀지를 긁어낸다. 면봉은 가는 것을 사용하고, 따뜻한 물이나 오일로 축축하게 적셔서 쓴다.

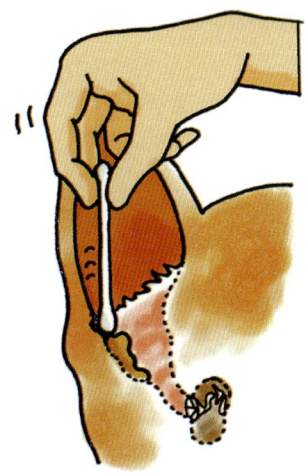

면봉을 너무 깊은 곳까지 넣지 않게 주의한다. 외이도(外耳道)에 상처를 내거나, 귀지를 깊숙이 집어 넣을 수도 있기 때문이다.

● **귓속에 난 털의 제거도 잊지 않는다**

귓속에 털이 있으면 잡균이 번식하거나 오물이 쌓인다. 잘 살펴서 털이 자라 있는 경우에는 조심스럽게 뽑아낸다.

● **귀 로션(ear lotion)을 활용한다**

이어 로션을 사용하면 귓속에 쌓인 오물을 들추어 쉽게 빼낼 수 있다. 귓속에 몇 방울 떨어뜨린 후, 귀를 문지르고 면봉으로 부드럽게 닦아낸다.

이 닦기

치석이 생기면 이 질환의 원인이 된다. 이를 닦아 치석을 제거해 건강한 이를 유지하게 하자. 강아지 때부터 이 닦기에 익숙해지도록 한다.

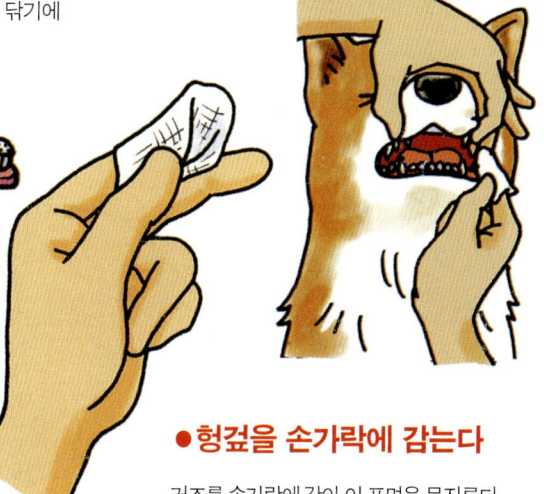

● **어린이용 칫솔을 사용한다**

칫솔은 머리 부분이 작은 어린이용 칫솔을 사용한다. 칫솔을 잇몸에 수직으로 대고 원을 그리듯이 부드럽게 닦는다.

● **헝겊을 손가락에 감는다**

거즈를 손가락에 감아 이 표면을 문지른다.

알아야 할 9가지 건강 체크 방법

몸무게 측정 방법

체중은 애견의 건강을 확인할 수 있는 척도이다. 정기적으로 체중을 측정하자. 견종별로 표준체중이 일정한데, 예방접종시 수의사에게 물어 알아둔다. 표준체중보다 적거나 많이 나가면 병의 신호이다. 그 밖에 다른 증세가 있는지도 살펴본다.

01 개를 품에 안고 체중계에 올라간다.
02 그런 다음 주인의 체중을 잰다.
03 총 체중에서 주인의 체중을 뺀 것이 개의 체중이다.

● 소형견

● 대형견

01 대형견이나 아주 작은 개는 바구니나 쟁반에 올려놓고 체중을 잰다.
02 바구니나 쟁반의 무게를 잰다.
03 맨 처음 측정한 총 체중에서 바구니나 쟁반의 무게를 뺀 것이 개의 체중이다.

Part 01

애견의 SOS를 놓치지 말자

- 앞발과 뒷발의 움직임을 확인하자!
  휘청거리며 걷고 있지는 않은가?

- 소변색에 주목하자!
  소변색에 변화는 없는가?

- 하루에 한 번은 변의 상태를 확인하자!
  변비는 아닌가?

- 소변 상태와 양을 확인하자!
  소변은 제대로 나오고 있는가?

> 개가 매일 즐기는 산책은
> 운동과 배설을 위한 대단히 중요한 시간이며,
> 주인에게는 애견의 건강을 점검할 수 있는 좋은 기회다.
> 개는 건강에 문제가 생기면 평소와 달리
> 즐거워하던 산책에도 의욕을 보이지 않는다.
> 걸음걸이에 힘이 없고 기력이 떨어지는 등의
> 변화가 나타난다.
> 한편 산책할 때 개가 배설하는 소변과 대변
> 역시 건강상태를 알 수 있는 중요한 신호이다.
> 산책 중에 개가 보내는 SOS,
> 절대 놓치지 말자.

Part 01 | 애견의 SOS를 놓치지 말자

산책 중의 SOS 01

소변색에 변화가 없는지 살펴보자

소변이 붉다

>> 소변에 혈액이 섞여 있다

건강한 상태의 소변은 연한 황색이다. 소변이 붉거나 갈색인 경우에는 소변에 혈액이 섞여 있다고 볼 수 있다. 혈액이 조금 들어 있으면 평소보다 진하게 보이는 정도이지만, 혈액이 많이 들어 있으면 다갈색에, 이보다 더 많은 경우에는 포도주색에 가깝다.

   개가 혈뇨를 배설할 때는 방광염 따위의 세균성 염증을 의심해볼 수 있다. 신장, 요관, 방광 요도에 생긴 결석이 이들 장

:: 이런 색에 주의를!

피가 섞여 있는 소변은 붉게 보인다

소변을 받는 방법

소변을 볼 때 종이컵에 받아낸다. 이 방법은 소변의 양이 적은 소형견에 적당하다.

이렇게 받아내기 힘들 때는 화장실에 쟁반 등을 받쳐놓고 오줌을 받아낸다.

기의 조직을 손상시켜 혈뇨가 나온다. 그 밖에 필라리아증(사상충증)이나 양파에 중독되어도 혈뇨가 나올 수 있다. …▷ 94p. 필라리아증, 126p. 요로결석, 144p. 중독을 참고한다.

소변이 탁하다

>> 요로에 염증이 생긴 결과이다

먼저 신장에서 요도까지 요로 어딘가에 염증이 생겼음을 생각해볼 수 있다. 염증으로 고름이 섞여 소변이 탁해진 것이다. 가장 흔한 예가 방광염이다. 일반적으로 세균은 요도에서 감염되어 요로를 거슬러 올라가는데, 소변이 모이는 방광은 세균이 번식하기 좋은 곳이다.

생식기에 이상이 생겨도 소변이 탁하다. 방광 입구에 있는 전립선이 비대해지면 쉽게 감염된다. 한편 자궁에 염증이 있을 때도 소변이 탁해지는데, 이 때는 크림색이나 커피색 등 다양한 소변색을 띤다. …▷ 124p. 비뇨기의 병, 129p. 자궁축농증, 130p. 전립선 비대를 참고한다.

소변이 반짝반짝 빛난다

>> 소변에 결정체가 섞여 있다

개가 소변을 누고 시간이 조금 지난 뒤, 소변이 스며든 땅이나 애견용 화장실을 보면 반짝반짝 빛나는 결정체를 발견할 수 있다. 특히 소변이 완전히 마른 뒤에 보면 더욱 잘 보인다.

이런 때는 방광염을 의심해야 한다. 방광염에 걸리면 소변 속에 함유된 인산염이 방광 속에서 쉽게 결정화된다. 이 결정체가 소변과 함께 배설되어 반짝반짝 빛을 내는 것이다.

이 상태를 그대로 방치하면 결정체가 더 커져 요로결석으로 발전할 가능성이 크다. 곧바로 수의사에게 진찰을 받는다. …▷ 124p. 비뇨기의 병, 126p. 요로결석을 참고한다.

소변을 가지고 병원에 가자

소변을 깨끗한 쟁반에 받아 낸다.

그것을 마개가 있는 깨끗한 병에 담는다. 진단을 받기까지 시간이 걸리면 세균이 번식하지 않도록 냉장고에 보관한다.

∷ 이런 색에 주의를!

고름이 섞여 있으면 소변이 탁해 보인다

방광염으로 소변에 인산염의 결정체가 생기면 소변이 반짝반짝 빛난다

Part 01 　✻　 애견의 SOS를 놓치지 말자

소변색이 진하거나 연하다

》 수분 부족과 수분 과다로 인해 소변색이 변한다

이른 아침이나 운동 후, 수분이 부족할 때는 소변이 농축되어 진한 황색으로 변하고, 수분을 많이 섭취하면 색이 연해진다. 소변색이 진하거나 연한 상태가 계속되면 주의한다. 설사나 구토를 동반하는 질병은 수분 부족으로 소변색이 진해지고, 당뇨병이나 요붕증처럼 물을 많이 마시는 질병은 소변색이 연해진다. **124p. 비뇨기의 병, 137p. 당뇨병을 참고한다.**

:: 이런 색에 주의를!

수분이 부족하면 소변이 농축되어 색이 진해진다

소변이 나오지 않는다

》 요도가 막혀 있을 수 있다

소변이 나와도 아주 양이 적거나 물방울이 떨어지듯 배뇨할 때는 주의가 필요하다. 방광염에 걸리면 잔뇨감 때문에 몇 차례에 걸쳐 소변을 보며, 전립선의 질병 때문에 요도가 막혀 있을 가능성도 있다. 요로결석이어도 심한 통증 때문에 소변을 시원하게 보지 못한다. 소변이 전혀 나오지 않을 때는 신부전일 가능성이 있으므로 즉시 진찰을 받는다. **126p. 요로결석, 126p. 신부전을 참고한다.**

소변에 담즙 성분이 섞여 있으면 황금색이 된다

소변이 황금색에 가깝다

》 황달이 생겼다

소변색이 지나치게 진한 노란색일 때는 간장병이나 약물에 의한 간장장애, 담낭의 질병, 담석 등에 의한 황달일 가능성이 크다. 황달은 담즙의 주성분인 빌리루빈이란 색소가 혈액 속으로 들어가기 때문에 생긴다. 빌리루빈은 신장을 지나 소변과 섞인다. 황달에 걸리면 눈과 피부가 노란색을 띤다. **120p. 간장의 병을 참고한다.**

소변의 양이 많을 때는 색이 연해진다

산책 중의 SOS 02

대변색과 형태에 이상이 없는지 살펴보자

대변이 묽다

›› 소화기계통의 질병일 가능성이 있다

위나 소장에서 영양이 흡수된 음식물은 대장으로 내려와 수분을 충분히 흡수해 대변으로 배설된다. 그러나 위장에 이상이 생기면 수분을 충분히 흡수하지 못해 묽은 변, 예를 들어 설사를 하게 된다.

개는 조금만 이상이 생겨도 설사를 한다. 과식을 하거나 익숙하지 않은 음식물을 먹었을 때, 스트레스를 받았을 때도 묽은 변을 본다. 이와 같은 요인이 발견되지 않는다면 소화기계통의 질병이 원인일 수 있다. 장이 세균을 비롯한 바이러스, 기생충 등에 감염되었거나 중독되었을 가능성도 있다.

한편 설사는 사진에서 보는 것처럼 그 형태가 다양하다. 그 중 액체처럼 정도가 심한 변은 중대한 전염병에 걸렸을 가능성이 있으므로 서둘러 진찰을 받는 것이 좋다. ┅┈▶ **86p. 감염증, 92p. 기생충병, 114p. 소화기의 병을 참고한다.**

대변에 피가 섞여 있다

›› 소화기관에 출혈이 있다

대변에 피가 섞여 있을 때는 소화기관의 어느 부분에선가 출혈이 있을 가능성이 높다.

피라고 해도 반드시 빨갛지만은 않다. 시간이 경과하면서

묽은 변에도 다음과 같이 다양한 형태가 있다

무른 변 | 화장지로 감싸 집으면 쉽게 찌그러지며 종이에 변의 흔적이 남는 듯한 변이다. 약간 무른 정도라도 설사에 포함된다.

진흙 형태의 변 | 액체상태는 아니지만 진흙과 같거나 혹은 카레와 같은 아주 묽은 변이다.

액체 상태의 변 | 변에 수분의 양이 많아서 완전한 액체 상태를 이룬다. 매우 심각한 설사로 본다.

산화작용이 일어나 검게 변한다. 그 때문에 피 색깔을 자세히 관찰하면 출혈 부위가 어떤 상태인지를 추측할 수 있다. 피가 빨갛고 선명하게 드러나면 대장 하부에 출혈이 있음을 의심해야 한다. 대장 하부의 질병에도 여러 가지가 있는데, 대변 표면에 시럽형의 점액이 있고 혈액이 섞여 있으면 원충형의 기생충병이고, 액체 상태의 변에 피가 섞여 있으면 바이러스에 감염되었을 가능성이 높다.

한편 위나 소장 등 상부 소화기관에 출혈이 있는 경우는 배설될 때까지 시간이 걸리므로 혈액이 검게 나타난다. 특히 그 부위에 출혈량이 많을 때는 대변과 혈액이 섞여 전체적으로 검은 윤기가 나는 타르(tar)변이라고 부르는 변을 배설하게 된다. 이렇듯 검게 보이는 대변은 특히 주의해야 한다.

대변은 건강을 알 수 있는 척도이므로, 평소에 주의 깊게 살펴본다. ⋯ 86p. 감염증, 92p. 기생충병, 114p. 소화기의 병을 참고한다.

대변에서 이상이 발견되면 대변을 들고 병원에 가자.

설사는 처리하기가 쉽지 않다. 특히 액체 상태일 경우는 딴 위를 문지르듯이 채취한다. 그런 후에 용기에 담거나 알루미늄 포일에 싼 뒤, 비닐주머니에 넣어 병원에 간다.

건강한 대변

일반적으로 개의 건강한 대변은 진하지도 연하지도 않은 갈색이다. 음식물에 따라 대변색은 달라지는데, 평소와 같은 음식물을 먹었는데 다른 색의 변을 볼 때는 주의한다.

대변은 원래 고약한 냄새가 나는 것이 당연한데, 질병에 따라 미묘하게 다른 냄새가 난다. 형태와 색뿐만 아니라 냄새까지도 확인한다.

화장지로 손쉽게 집을 수 있을 정도로 단단한 것이 가장 건강한 대변이다. 알맞은 정도로 단단한 변은 배설을 한 뒤 땅에 흔적을 남기지 않는다.

기본적으로 배변 횟수는 음식물을 섭취한 횟수와 같다. 이보다 많거나 적으면 주의한다.

대변을 보지 못한다

》 음식물의 양을 점검한다

개가 변비에 걸리는 경우는 그리 많지 않다. 대변이 나오지 않는 것은 사실 섭취량이 적어 대변의 양이 적기 때문이다.

주는 음식물을 개가 모두 먹어치우는지를 확인하는 것도 중요하다. 만일 식욕을 잃은 듯하면 그 원인을 찾아내야 한다. 음식물을 모두 섭취하는데도 불구하고 대변을 보지 못할 경우에는 음식 내용물에 문제가 있을 수도 있다. 예를 들어 칼슘이 너무 많은 음식물은 대변을 단단하게 만든다.

또한 항문에 질병이 있으면 고통 때문에 배설하지 못하고 참고 있을 수도 있다. 그리고 전립선에 이상이 생겨도 비대해진 전립선이 직장을 압박해 쉽게 대변을 배설하지 못한다. 그 밖의 원인으로는 털이 뒤엉켜 항문을 틀어막거나, 배변리듬이 깨진 경우가 있다. ⋯⋯▷ 130p. 전립선 비대를 참고한다.

배설할 자세를 취하고 있는데도 좀처럼 변을 보지 못할 때는 주의가 필요하다.

피가 섞인 대변에는 다음과 같은 형태가 있다

혈변 | 피가 섞여 있는 변을 말하는데, 반드시 피가 선명하게 드러나 있지는 않다. 약간 거무스름한 피가 섞여 있을 수도 있다.

점액변 | 표면에 시럽과 같은 점액이 붙어 있는 변을 가리킨다. 주로 대장 하부에 이상이 있을 때 배설한다.

타르변 | 전체가 검고 윤이 나는 듯한 변이다. 위나 장에서 다량의 출혈이 있으면 변과 피가 뒤섞여 타르변이 된다.

Part 01 ❋ 애견의 SOS를 놓치지 말자

산책 중의 SOS 03

걷는 자세에 이상이 없는지 살펴보자

비틀비틀·휘청휘청거리며 걷는다

>> 신경마비일 가능성이 있다

산책을 나갔을 때 활력있게 똑바로 걷지 못하고 왠지 모르게 비틀비틀, 휘청휘청거리며 걷는다면 신경이 마비되었을 가능성이 있다. 신경마비는 허리뼈에 이상이 있을 때 나타날 수 있다. 그 예로 변형성 척추증은 노화로 척추가 변형되어 신경을 자극하는 것이고, 추간판 헤르니아(디스크)는 뼈와 뼈 사이에서 완충역할을 하는 추간판이 밖으로 돌출되어 신경을 압박하는 것이다. 이 밖에 뇌의 질병일 때도 신경마비가 일어나는

걷는 모습을 주의 깊게 관찰하자

- 산책하러 나가기를 싫어하지 않는가?
- 걷기 시작하며 우는 소리를 내고 있지 않는가?
- 비틀비틀, 휘청휘청거리며 걷고 있지 않는가?
- 발을 땅에 질질 끌며 걷고 있지 않는가?

데 원인이 무엇이건 서둘러 치료해야 한다. ⋯➢ 101p. 추간판 헤르니아를 참고한다.

발을 땅에 질질 끌며 걷는다

▶▶ 발목 부분에 장애가 있을 가능성이 있다

한쪽 뒷발을 질질 끌며 걸을 때는 어깨관절이나 고관절의 이상, 즉 다리와 몸통을 연결하는 부분에 장애가 생겼다고 추측할 수 있다. 이는 다리에 힘을 주지 못해 아래로 힘없이 처지는 상태이다. 또한 사고를 당했거나 비좁은 장소를 빠져나가려다 골절되었을 수도 있다. 한편 두 발 모두 질질 끄는 상태에서 앞발만을 이용해 앞으로 나아가려고 할 때는 허리에 이상이 생길 수도 있다. 뇌를 포함한 척수장애로 인해 양쪽 발이 마비되었을 가능성도 있다. ⋯➢ 102p. 고관절 형성부전, 104p. 대퇴골두 무혈성 괴사, 104p. 무릎의 전십자인대 단열을 참고한다.

계단을 오르내릴 때 발견할 수도 있다

개는 계단을 잘 오르내리고 또한 좋아한다. 그런데 계단 오르내리는 것을 싫어하거나, 평소와 달리 행동이 부자연스럽다면 주의 깊게 살펴봐야 한다.

발 모양이 이상하다

▶▶ 다리가 휜 것처럼 보인다

태어나면서부터 고관절에 이상이 있거나, 쉽게 탈구가 되는 고관절 형성부전으로 다리가 휘는 경우가 있다. 구루병에 걸려도 뼈의 발육상태가 나빠 성장하면서 체중 증가를 견뎌내지 못해 다리가 점점 휜다. 앞다리가 O자형, 뒷다리는 X자형이 되는 것이 특징이다. 구루병은 영양이 불균형한 음식물을 먹일 때 발생하므로, 영양의 균형이 잘 이루어진 애견 전용사료를 먹이는 것이 바람직하다.

구루병과 고관절 형성부전은 아주 어릴 때에 나타난다. 그러나 성장한 후에 다리가 휘는 경우는 영양의 불균형에 의해 뼈가 약해져 잘 부서지는 골연화증을 생각해볼 수 있다. ⋯➢ 102p. 고관절 형성부전을 참고한다.

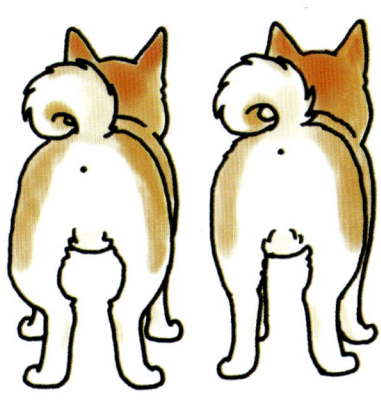

이상하다는 생각이 들 때는 뒷모습을 점검하자

개의 뒤쪽에서 똑바로 선 자세를 관찰한다. 오른쪽이 정상적인 뒷발이고, 왼쪽은 바깥쪽으로 몹시 휘어져 있다.

Part 01 | ✿ | 애견의 SOS를 놓치지 말자

음식물 먹을 때의 SOS는 이런 점에 숨어 있다

체형에 주목하자!
최근에 체중이 늘었다.

식욕에 주목하자!
음식물을 남기지 않는가?

먹지 않는다.

"
음식물을 줄 때 가장 걱정되는 점은 뭐니뭐니해도 개의 식욕이다.
개는 항상 군침을 흘리며 음식물을 기다리기 마련이다. 그런데
전혀 먹지 않거나 음식물을 남긴다면 걱정이 되지 않을 수 없다.
식욕뿐만 아니라 음식물을 먹을 때나 물을 마실 때의
모습을 자세히 살펴보면 질병에 대한 신호를 발견해낼 수 있다.
음식물 먹기 전후, 그리고 먹는 도중에도 주의 깊게 관찰해보자.
음식물과 관련이 깊은 입 속의 건강상태나 과식에 의한
비만도 반드시 점검해야 할 사항이다.
"

물을 마시는 모습에 주목하자!

물을 벌떡벌떡 마시지 않는가?

입냄새에 주목하자!

입냄새가 나지 않는가?

음식물을 모조리 흘린다.

Part 01 　❉　 애견의 SOS를 놓치지 말자

음 식 물 먹 을 때 의 SOS 01

식욕의 변화를 살펴보자

음식물을 먹지 않는다

≫ 어떤 증세가 있는지 점검한다

건강한 개는 한눈팔지 않고 단숨에 음식물을 먹어치운다. 개가 음식물을 먹지 않는 것은 몸에 이상이 있다는 신호이다.

음식을 주어도 가까이 다가오지 않거나, 냄새만 맡고 곧장 피해버리는 것은 식욕이 전혀 없다는 증거이다. 또한 음식물을 먹기는 해도 평소보다 시간이 많이 걸린다면 이 역시 식욕이 저하된 상태다. 대부분의 질병이 식욕부진 증세를 보이는데, 온몸을 점검하여 그 밖에 어떤 증세가 있는지 확인한다. 한편 음식물을 주면 반갑게 달려오지만, 실제로는 전혀 먹지 않는 경우도 있다. 이럴 때는 입 안에 이상이 있어서 먹고 싶어도 전혀 먹지 못하는 상태일지도 모른다.

입 안을 들여다보자
› 빨갛게 부은 곳은 없는가?
› 이에 이상이 없는가?
› 이물질에 찔린 곳은 없는가?

몸을 만져보자
› 열은 없는가?
› 이상하게 부은 곳은 없는가?
› 여위지는 않았는가?

배설물을 관찰해보자
› 묽은 변을 보지는 않는가?
› 대변에 점액이나 혈액 등이 섞여 있지 않은가?
› 소변에 거품이 있지 않은가?
› 음식물을 토하지는 않는가?

체중을 측정해보자
› 체중이 줄지는 않았는가?

음식물을 남긴다

» 적절한 음식을 섭취하는지 점검한다

평소와 같은 양의 음식물을 주는데도 남기는 경우가 있다. 이럴 때는 전혀 먹지 않는 경우와 마찬가지로 식욕부진이거나, 입 안에 이상이 생겨 먹지 못하는 것이다.

그 밖에 성장기에 있는 개의 경우에는 주인이 개의 섭취량 변화를 잘 모르고 있을 수도 있다. 성장기는 식욕이 가장 왕성한 시기로 섭취량이 점점 많아진다. 그러다 성장이 멈추는 시기에 접어들면 일정한 양을 유지하는데, 이 때 음식물의 양을 조절하지 않으면 개가 음식물을 남기게 된다. 이것을 식욕저하로 착각할 수도 있다. 또 계절에 따라서도 개에게 필요한 칼로리의 양이 달라진다. 이처럼 성장기와 계절에 따라 음식물 섭취량에 변화가 있다는 사실을 기억해야 한다.

강아지가 음식물을 섭취하는 양은 생후 3~7개월까지 급격히 증가하다가 차츰 필요 칼로리가 줄어든다. 따라서 성장기가 끝날 즈음에는 식욕이 저하되었다고 착각할 수도 있다.

생후 3~7개월인 강아지의 섭취량

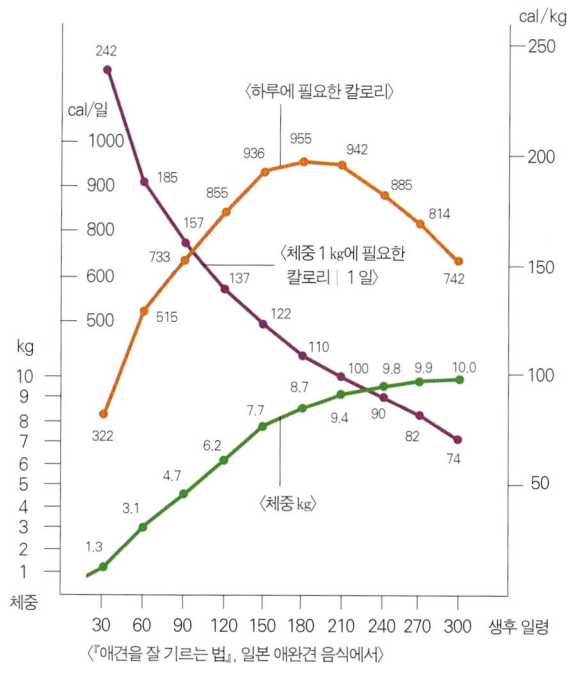

《『애견을 잘 기르는 법』, 일본 애완견 음식에서》

계절에 따라서도 식욕이 변화한다

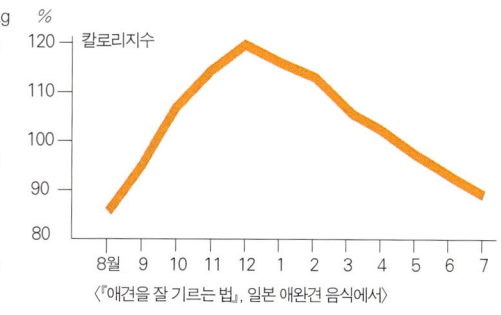

《『애견을 잘 기르는 법』, 일본 애완견 음식에서》

실내에서 기르는 개를 제외하고, 밖에서 생활하는 개는 대체로 겨울에 추위를 견디기 위해서 많은 칼로리를 필요로 한다. 반대로 여름에는 필요량이 감소한다.

Part 01 　❋　 애견의 SOS를 놓치지 말자

음식물 먹을 때의 SOS 02
냄새를 맡고 음식물을 먹는 모습을 살펴보자

입냄새가 심하다

>> 입 안에 염증이 생겼다

입냄새에도 여러 가지 종류가 있다. 가장 흔한 것이 고기 썩는 듯한 심한 냄새인데, 이는 대부분 치주병이 원인이다. 치주병은 이 주위가 붉게 붓고, 이가 근질거리는 등의 증세가 나타나므로 입 안을 자세히 관찰해본다.

입 안의 점막이나 혀, 목에 구내염이 생긴 경우에도 부패한 냄새가 난다. 이 때는 코에 병이 났을 가능성이 있다. 그 예

이·잇몸·냄새를 점검하자

점검해야 할 6가지
> 치석이 붙어 있지 않은가?
> 잇몸이 퉁퉁 부어 있지 않은가?
> 이가 흔들거리지 않는가?
> 침을 많이 흘리지 않는가?
> 이가 갈색으로 변하지 않았는가?
> 이가 세로로 길어진 듯한 느낌인가?

로 부비강염(축농증)은 코 내부에 고인 고름 때문에 부패한 냄새가 난다.

시큼한 냄새가 나는 경우는 내장의 질병을 의심해야 한다. 한편 식도나 위 등의 상부 소화기관에 이상이 생기면, 음식물이 쉽게 통과하지 못해 그대로 쌓인 음식물에서 시큼한 냄새나 대변냄새와 비슷한 심한 악취가 입 밖으로 나온다.

신장에 질병이 생겨 요독증에 걸리면 숨쉴 때 소변냄새와 비슷한 악취가 나기도 한다. ⋯⋗ **78p. 입과 이의 병, 83p. 부비강염, 114p. 소화기의 병, 124p. 비뇨기의 병을 참고한다.**

음식물을 흘린다

≫ 입과 그 주위에 염증, 상처가 있을 수 있다

개가 음식물을 먹을 때 흘리고, 접시 주위를 더럽히고, 입에 넣은 음식물을 힘없이 떨어뜨리는 등의 행동을 한다.

이럴 때에는 입과 입 주위에 구내염이나 상처가 있음을 의심할 수 있다. 음식물을 먹을 때 통증이 있어 쉽게 먹을 수 없는 것이다. 또한 이 사이가 이물질에 찔렸을 때도 같은 현상이 나타난다. 입 안이나 입 주위를 잘 살펴서 상처나 짓무름 등의 이상증세가 없는지 확인한다. 입 안에 아무런 이상이 없는데도 음식물을 흘린다면 입 주위의 근육이 마비되었을 가능성이 높다.

또한 음식물을 입에 넣자마자 곧바로 토해버리는 경우도 있는데, 이 때는 식도의 신경이 마비되었을 확률이 높다. 음식물을 식도로 넘기지 못해서 토해내는 것이다.

식도에 생선가시나 뼛조각 등이 걸려 있어 물리적으로 음식물을 넘기지 못하는 경우도 생길 수 있다. 어떤 경우든지 입 주위를 잘 점검한다. ⋯⋗ **78p. 입과 이의 병을 참고한다.**

상처·짓무름을 점검하자

잇몸에 상처가 없는가?
위턱에 상처가 없는가?
이에 이물질이 끼어 있지 않은가?
염증이 생기지 않았는가?

혀에 짓무른 곳은 없는가?
입 주위에 이상은 없는가?

음식물 먹을 때의 SOS 03

마시는 물의 양을 살펴보자

물을 벌떡벌떡 마신다

▶▶ 탈수 증세를 보인다

수분이 부족한 상태가 아닌데도 지나치게 많은 양의 물을 마실 때는 주의해야 한다. 물을 많이 마시고 그만큼 많은 소변을 배설하는 것은 다름 아닌 질병의 신호이기 때문이다.

당뇨병은 체내 미네랄 성분의 균형이 깨져 탈수 증세가 일어나고, 많은 양의 물을 마심으로써 수분을 조절하려는 질병이다. 호르몬 분비의 이상으로 발병하는 쿠싱증후군에 걸려도 많은 양의 물을 마신다. 또한 부신피질 호르몬이 과잉 분비되면 당분의 대사가 활성화되어 당뇨병처럼 탈수 증세가 일어난다. 소변을 만드는 신장의 기능을 저하시키는 요붕증의 경우도 많은 양의 소변을 배설하므로, 역시 부족한 수분을 보충하기 위해 많은 물을 마신다. 자궁에 염증이 생겨 고름이 고이는 자궁내막증 역시 자궁이 많은 수분을 필요로 하기 때문에 대량의 물을 마시려고 한다. ⋯⋯ 125p. 신염, 129p. 자궁축농증, 137p. 당뇨병, 138p. 쿠싱증후군과 요붕증을 참고한다.

견종별 물의 하루 필요량

체중 3kg 말티즈 150cc

체중 10kg 웰시 코기 펨브로크 500cc

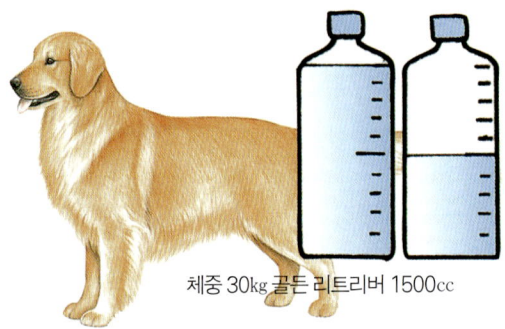

체중 30kg 골든 리트리버 1500cc

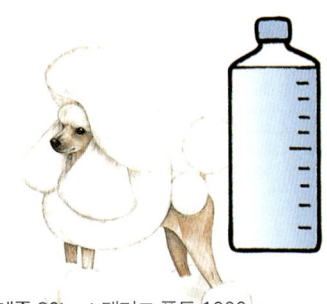

체중 20kg 스탠더드 푸들 1000cc

음식물 먹을 때의 SOS 04

체형의 변화를 살펴보자

몸무게가 증가했다

≫ 호르몬 분비에 이상이 왔다

둥그스름하고 통통하게 살찐 체형은 귀여워 보이지만, 건강을 위해서 비만은 절대 금물이다. 지나치게 살이 찌면 심장병, 당뇨병, 관절염 등 여러 가지 질병에 걸리기 쉽다. 그림처럼 비만 증세를 보이거나, 체중을 측정해 살이 쪘으면 음식물 섭취량이나 운동량을 조절해 하루 빨리 해결하는 것이 좋다. 특히 거세나 피임 후에는 몸무게가 늘기 쉬우므로 주의한다.

한편 질병 때문에 몸무게가 늘어나는 경우도 있다. 예를 들어 쿠싱증후군이나 갑상선 기능저하증 등 호르몬 분비의 이상으로 질병에 걸리면 체중이 증가한다. 또한 뇌의 장애로 만복중추에 이상이 오면 음식물 먹는 것을 멈추지 못하며, 뇌의 노화로 식욕에 이상이 와도 먹는 것을 조절하지 못해 살이 찐다. ┈┈▷
102p. 고관절 형성부전, 104p. 무릎의 전십자인대 단열, 137p. 당뇨병, 138p. 쿠싱증후군을 참고한다.

몸을 만지면서 살찐 상태를 점검한다

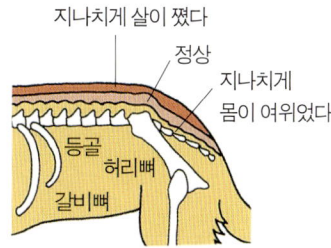

비만의 신호

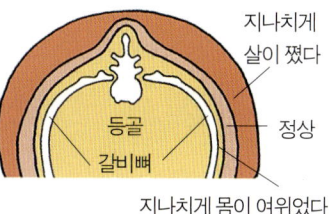

- 허리가 통통해졌다
- 허리에 잘록한 느낌이 없다
- 강하게 누르지 않으면 갈비뼈를 확인하기 힘들다

Part 01　❋　애견의 SOS를 놓치지 말자

손질할 때의 SOS는 이런 점에 숨어 있다

> 브러싱이나 샴푸를 할 때는 개의 몸을 빠짐없이 관찰할 수 있는 좋은 기회다. 브러시로 털을 손질할 때는 털의 상태뿐만 아니라 피부까지도 살펴보자. 항상 털로 뒤덮여 있는 피부에 의외의 질병이 생겼을지도 모른다. 눈을 비롯해 코와 입 주위도 자세히 관찰해 특별한 이상이 없는지 점검한다. 또한 배나 엉덩이 주위 등 평소에 잘 보이지 않는 곳까지도 자세히 점검한다.

피부에 주목하자!
- 털이 빠지지 않는가?
- 비듬이 나오지 않는가?
- 몸을 긁고 있지 않는가?

배에 주목하자!
- 배가 부어 있지 않은가?
- 생식기가 부어 있지 않은가?

얼굴에 주목하자!

- 콧물을 흘리지 않는가?
- 눈이 붉게 충혈되어 있지 않은가?
- 침의 양이 평소보다 많지 않은가?
- 항상 눈곱과 눈물이 있지 않은가?

Part 01 애견의 SOS를 놓치지 말자

손질할 때의 SOS 01
얼굴 주위에 변화가 없는지 살펴보자

눈곱과 눈물이 나온다

≫ 눈에 이상이 생기면 눈곱과 눈물의 양이 많아진다

눈물은 눈에 달라붙은 먼지나 오물을 씻어내는 역할도 하므로 눈물이 일시적으로 고인 상태라면 별로 걱정할 필요가 없다. 그러나 눈물이 지속적으로 고인다면 눈에 이상이 생겨서 눈물이 계속 분비되고 있을 가능성이 크다.

눈물은 누관을 통해 코로 빠져 나오는데, 눈 점막에 염증이 생기면 염증 때문에 나오는 물질과 눈물이 뒤섞여 끈끈한 이물질이 생긴다. 그 때문에 눈물이 누관을 통과하지 못하고 눈가에 고이는 것이 바로 눈곱이다. 눈곱은 처음에는 투명하지만 염증이 진행함에 따라 탁해진다.

눈곱이나 눈물이 나오는 주된 원인은 각막염, 결막염, 속눈썹의 이상 등 이른바 눈에 생기는 질병 때문이다. 또한 디스템퍼(개홍역) 같은 감염증이 원인일 수도 있으므로 다른 증세도 주의한다.

74p. 눈의 병, 88p. 디스템퍼를 참고한다.

check1

눈꺼풀이 부어 있지 않은가?
눈 주위에 상처가 없는가?
눈이 상하좌우로 잘 움직이는가?
왼쪽 눈과 오른쪽 눈은 차이가 없는가?
눈에 충혈된 곳은 없는가?

눈을 비빈다

» 가려움과 통증이 있다

개가 자주 앞발로 눈을 비빌 때는 눈과 그 주위의 가려움이나 통증을 의심해야 한다.

대부분의 원인은 각막염, 결막염, 포도막염 등 눈에 생기는 염증이며, 최근에는 꽃가루병 등의 알레르기 증세도 자주 발생한다. 눈이 붉게 충혈되어 있는지, 눈곱이 자주 끼는지 자세히 관찰한다.

개가 눈을 자주 비비는 또 다른 원인은 시력장애다. 잘 보이지 않기 때문에 눈을 비비는 것인데, 원인은 대부분 시력과 관련된 신경 또는 초점을 맞추는 근육의 노화나 장애 때문이다. 그 밖에 망막의 박리 등 망막장애도 생각할 수 있다. ⋯▷ **74p. 눈의 병을 참고한다.**

check2

- 이물질이 들어 있지 않은가?
- 눈 모양이 일그러져 있지 않은가?
- 힘줄이나 반점은 없는가?
- 혈관에 이상은 없는가?
- 상처나 움푹 패인 곳은 없는가?

- 붉게 충혈되어 있지 않은가?
- 굵은 혈관은 없는가?
- 탁한 부분은 없는가?

check3

손전등을 비추어 검은 눈동자의 움직임을 확인한다

눈에 환한 빛을 비추면 눈동자가 작아지고, 빛을 멀리 했을 때 눈동자가 커진다면 지극히 정상적인 상태이다. 따라서 눈동자의 움직임에 변화가 없을 때는 곧바로 동물병원에 데리고 간다.

Part 01 | 애견의 SOS를 놓치지 말자

콧물을 흘린다

>> 코와 호흡기의 질병이다

콧물은 코 내부를 뒤덮고 있는 점막에서 만들어지므로, 점막에 이상이 생기면 콧물을 많이 흘리게 된다.

같은 콧물이라도 마치 물처럼 줄줄 흐르는 무색투명한 것, 조금 탁한 상태로 끈적거리는 것, 고름이 섞인 것 등이 있다. 특히 고름이 섞인 콧물은 세균이나 바이러스 감염에 의한 것이 많고, 병원균의 종류에 따라서 황색이나 백색, 그리고 녹색 등 다양한 색을 띤다.

콧물이 나올 때는 코나 호흡기계의 질병이 원인인 경우가 많기 때문에 열이 있는지, 호흡상태는 어떤지도 살펴야 한다. 또한 눈과 입 안에 이상이 있을 때도 콧물이 흘러나오므로 역시 빠짐없이 점검한다. 오른쪽 그림처럼 개의 코 앞에 화장지를 늘어뜨려 코가 막혀 있지 않은지 확인하는 것도 좋은 방법이다.  **82p. 코의 병을 참고한다.**

화장지를 이용하여 관찰해 보자

01 코가 막혀 있지 않은가?
화장지를 개의 코 앞에 바짝 늘어뜨린 뒤 콧김에 화장지가 움직이는지를 확인한다. 만일 화장지가 움직인다면 매우 정상적인 상태이고, 이와는 반대로 움직이지 않는다면 코가 막혀 있다고 볼 수 있다.

02 콧물의 종류를 조사한다.
화장지를 코에 대고 콧물이 물과 같은 형태인지, 끈적거리는 형태인지, 아니면 고름이 섞인 형태인지 등 그 종류를 자세히 조사한다.

03 기침을 하지 않는가?
감기나 기관지염 등 호흡기 질병에 걸리면 흔히 기침 또는 재채기를 한다. 최근의 상태를 돌이켜보면서 이러한 증세가 있지는 않았나 점검한다.

04 열이 없는가?
열이 있으면 호흡이 빨라지고, 입을 벌린 상태에서 숨을 거칠게 내쉰다. 운동을 하지 않았는데도 호흡이 거친 듯하면 열이 있다는 증거이다. 이럴 때는 체온계로 열을 측정한다.

05 눈과 입에 이상은 없는가?
코와 눈, 그리고 입은 서로 연결되어 있기 때문에 어느 한 곳에 이상이 있으면 콧물을 흘리게 된다. 입 안도 함께 점검한다.

침을 많이 흘린다

>> 입 안에 상처가 있을 수도 있다

개는 침을 자주 흘리는 편이지만, 그 양이 평소보다 많은 듯하면 신경을 써야 한다. 흘리는 침의 양이 평소보다 많은지 적은지는 입 안의 각진 곳에 침이 고이는 상태로 알 수 있다. 또한 개는 침이 고이면 그것을 입 밖으로 내뱉기 위해 머리를 자주 흔든다.

침의 양이 많은 듯하면 먼저 입 안을 점검한다. 입 안에 염증과 상처, 그리고 부은 자국 등이 있으면 침을 많이 흘리게 된다. 침은 목과 귀밑, 그리고 턱에 있는 분비샘에서 분비된다. 이들 분비샘에 이상이 생겨도 침이 많이 나올 수 있기 때문에 입 주위를 잘 점검한다.

그 밖에 뇌의 질병으로 신경에 이상이 있거나 감염증에 걸렸을 가능성도 있다. 다른 증세는 없는지도 조사한다. ⋯⋙
78p. 입과 이의 병을 참고한다.

예상되는 7가지 질병

침샘의 염증
침을 분비하는 귀밑샘(이하선), 턱밑샘(악하선), 혀밑샘(설하선)에 염증이 생기면 많은 침을 흘린다. 귀밑, 턱밑, 혀밑이 부어 있으면 염증을 의심한다.

신경장애
침은 뇌가 자극을 받을 때 그에 따른 반응으로 분비된다. 그래서 신경작용에 장애가 생기면 침의 분비가 제대로 조절되지 않아 결국 많은 양의 침을 흘리게 된다.

치주병
치주병은 치구와 치석이 원인이 되어 생긴다. 치구와 치석의 자극으로 침을 많이 분비한다.

감염증
디스템퍼나 렙토스피라증 등에 감염되면 바이러스가 뇌에 영향을 미쳐 신경장애가 발생하는데, 이 경우에도 침을 많이 흘린다.

자동차멀미
자동차멀미를 하면 위산이 지나치게 많이 분비되는데, 그것을 중화시키기 위해 알칼리성인 타액이 대량 분비된다. 만일 함께 자동차를 타고 갈 때 개가 평소보다 침을 많이 흘리면 자동차멀미를 한다는 신호로 받아들인다.

식도염
식도에 염증이 생기면 음식물을 제대로 먹을 수 없게 된다. 그래서 일반적으로 음식물과 함께 삼켜야 할 침이 줄줄 흘러나온다. 인두나 후두에 염증이 있어도 침을 많이 흘린다.

구내염
개가 입에 물었던 이물질 때문에 입 안에 상처가 나거나, 화학물질 또는 뜨거운 물질에 닿으면 구내염에 걸리기 쉽다. 구내염에 걸려도 그 자극으로 침이 대량 분비된다.

Part 01 | 애견의 SOS를 놓치지 말자

손질할 때의 SOS 02

배의 볼록한 상태를 살펴보자

배가 부어 있다

» 장에 가스가 가득 차 내장이 부어 있을 수 있다

비만, 과식, 변비, 임신 등의 가능성이 없는데도 배가 볼록하면 질병을 의심해야 한다. 이런 경우는 배를 가볍게 어루만지면서 열이 있는지, 둥근 몽우리가 있는지, 또한 가슴 부위까지 부어 있지 않은지를 점검한다.

이 경우 가장 먼저 생각해볼 수 있는 것은 기생충 감염에 의한 질병이다. 특히 회충이 기생하고 있다면 장에 가스가 차 배가 볼록해진다.

심장, 간장, 신장 등에 이상이 생기면 내장이 몹시 부어 배가 볼록해지고, 상태가 점점 악화되면 급기야 가슴 부위까지 부어 오른다.

배 부위에서 둥근 몽우리가 손에 잡힐 때는 내장 어딘가에 이미 종양이 자라고 있을 가능성이 높다.

그 밖에 위장의 질병, 장폐색, 자궁축농증으로도 배가 볼록해진다. ⋯⋙ **92p. 기생충병, 106p. 심장의 병, 118p. 장폐색, 120p. 간장의 병, 124p. 비뇨기의 병, 129p. 자궁축농증을 참고한다.**

이런 증세와 부종에는 주의를 기울인다

› 파동감이 있다
내장에 질병이 진행되고 있으면 배에 물이 고이는 복수증이 일어난다. 한쪽 손을 배의 측면에 대고 다른 손으로 반대쪽 배를 가볍게 두드린다. 이 때 한쪽 손에 파동이 전해지면 복수증일 가능성이 있다.

› 둥근 형태의 몽우리가 있다
› 열이 난다
› 부은 곳이 곪아 있다
› 기침을 한다
› 몸이 붓는다
› 소변의 양이 적다

생식기가 부어 있다

>> **수캐는 종양, 암캐는 자궁축농증과 질염이 의심된다**

수캐의 고환(정소)이 부어 있는 경우는 종양을 의심해봐야 한다. 고환이 체내에 그대로 머물러 있는 상태인 정류정소(停留精巢)인 개는 특히 주의해야 한다. 이 정류정소가 있는 개에게서 정소종양이 많이 발견되는데, 정소종양이 있으면 고환뿐만 아니라 발목 뒷부분이 부어오르며, 탈모나 피부염도 나타난다.

음경이 부어 있으면 어떤 원인 때문에 배뇨에 이상이 생겨 생식기 주변의 혈액순환이 제대로 이루어지지 않는다고 생각할 수 있다.

한편 암컷의 외음부가 붓는 가장 흔한 원인은 세균 감염으로 자궁에 고름이 고이는 자궁축농증이다. 이 질병은 배도 붓고, 많은 양의 물을 마시며, 동시에 소변도 많이 배뇨한다. 그 밖에 질염 등의 가능성도 있다. ⋯⋯▷

128p. 생식기의 병을 참고한다.

수캐의 경우는 정소종양이 의심된다

- 피부염과 탈모 증세가 있다
- 고환과 음경이 붓는다
- 아랫배 양쪽의 오목한 부분이 붓는다

암컷의 경우는 자궁축농증과 질염이 의심된다

- 열이 난다
- 물을 많이 마신다
- 배가 붓는다
- 냉, 대하가 분비된다
- 피와 고름이 나온다 (생리 때의 출혈과 구별한다)

손질할 때의 SOS 03

피부와 털을 살펴보자

몸을 긁는다

>> 가려움증을 동반하는 피부병이다

개가 몸을 자주 긁으면 일단 피부병을 의심한다. 피부병에 걸리면 가려움증 때문에 몸을 심하게 긁거나, 가려운 곳을 핥거나, 입으로 깨물기도 한다. 만일 개가 몸의 일부를 긁고 있는 것을 발견하면 곧바로 그 곳의 털을 제치고 피부상태를 관찰해보자. 피부가 붉게 변해 있거나, 부어 있거나, 또는 털이 빠지는 등의 이상이 있으면 역시 피부병이 의심된다. 단, 피부병이라고 해도 그 상태는 다양하다. 표에서 보듯 피부병이 생긴 부위에 따라 어느 정도 그 병명을 판단할 수 있다.

때때로 내장질환이 원인이 되어 몸을 긁는 경우도 있다. 심장질환 등으로 혈액순환이 나빠지면 몸의 표면에 마비가 오기 때문에 자주 몸을 긁거나 핥는다. ⋯▶ 60p. **피부병**, 106p. **심장의 병**을 참고한다.

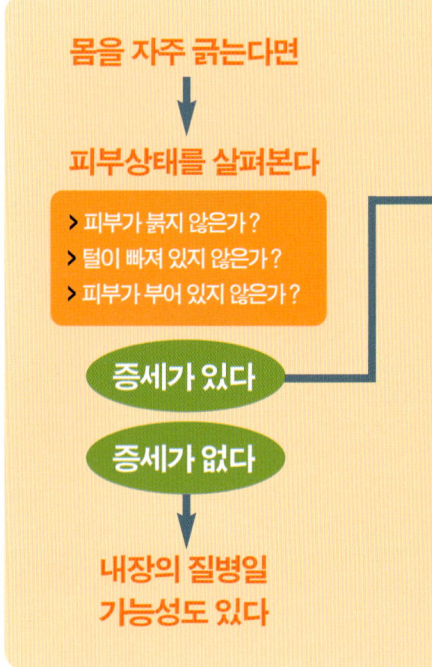

비듬이 생긴다

>> 탈모 증세와 가려움증을 확인한다

비듬이란 피부에서 떨어져 나온 수많은 세포가 뭉친 것이다. 비듬 자체에 특별한 문제가 있지는 않지만, 털을 자주 손질하는데도 비듬의 양이 많은 경우에는 피부병을 의심할 수 있다. 피부에 염증이 생기면 피부세포의 신진대사가 평소보다 빨라져 오래된 피부세포가 딱딱해지며 쉽게 비듬으로 변한다. 비듬이 생기면 털을 제치고 피부상태를 관찰해 탈모나 가려움증이 있는지 살펴본다.

한편 내장의 질병 때문에 비듬이 생기는 경우도 있다. 그리고 심장과 간장 등에 장애가 있어도 피부의 혈행이 나빠져 피부노화가 빨리 진행되어 결국 비듬이 생긴다. ⋯▶ 60p. 피부병, 106p. 심장의 병, 120p. 간장의 병을 참고한다.

털이 빠진다

≫ 질병에 따라 털이 빠지는 것이 다르다

봄이나 가을의 환모기(털갈이 시기)가 아닌데도 털이 많이 빠질 때는 주의한다. 가장 먼저 생각할 수 있는 것은 피부병이다. 피부병에는 세균 감염, 기생충, 알레르기 등 그 종류가 매우 많지만, 어떤 형태의 피부병이든지 털이 빠진다.

일단 털이 빠지기 시작하면 전신으로 퍼진다. 알레르기성 피부염은 얼굴, 다리 그리고 전신에서, 상처에 세균이 감염되어 발생하는 농피증은 전신에서, 피부진균증은 코·발끝·전신에서 털이 빠지기 시작한다. 특히 피부진균증은 원형으로 털이 빠진다. 부신피질이나 갑상선의 이상, 즉 호르몬 불균형으로 발생하는 질병에도 털이 빠진다. 이 경우 탈모는 좌우 대칭으로 일어나지만, 가려움증을 동반하는 일은 거의 없다. ⋯▶ 60p. 피부병, 136p. 호르몬의 병을 참고한다.

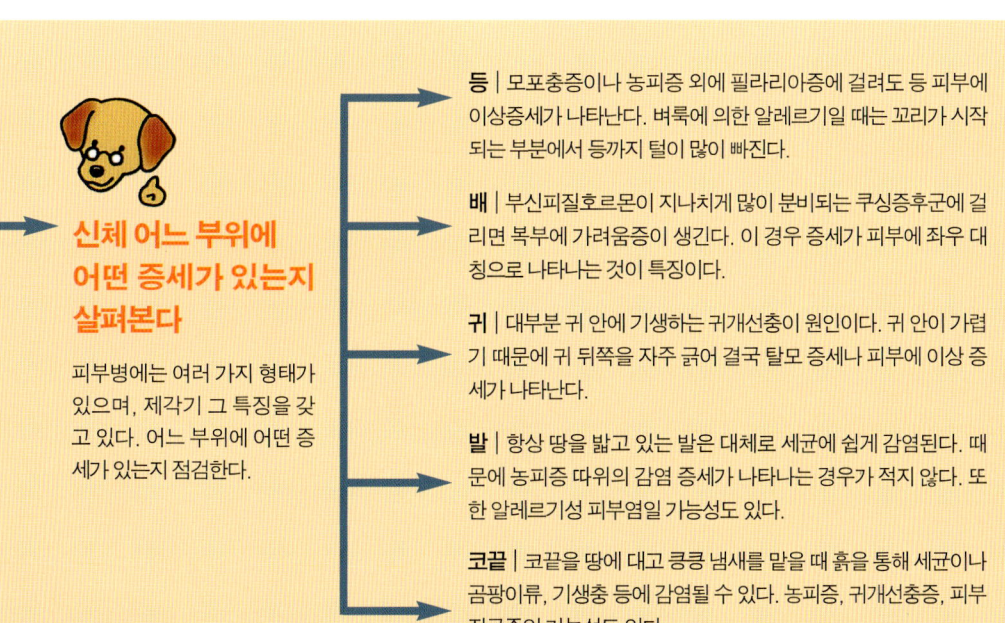

신체 어느 부위에 어떤 증세가 있는지 살펴본다

피부병에는 여러 가지 형태가 있으며, 제각기 그 특징을 갖고 있다. 어느 부위에 어떤 증세가 있는지 점검한다.

등 | 모포충증이나 농피증 외에 필라리아증에 걸려도 등 피부에 이상증세가 나타난다. 벼룩에 의한 알레르기일 때는 꼬리가 시작되는 부분에서 등까지 털이 많이 빠진다.

배 | 부신피질호르몬이 지나치게 많이 분비되는 쿠싱증후군에 걸리면 복부에 가려움증이 생긴다. 이 경우 증세가 피부에 좌우 대칭으로 나타나는 것이 특징이다.

귀 | 대부분 귀 안에 기생하는 귀개선충이 원인이다. 귀 안이 가렵기 때문에 귀 뒤쪽을 자주 긁어 결국 탈모 증세나 피부에 이상 증세가 나타난다.

발 | 항상 땅을 밟고 있는 발은 대체로 세균에 쉽게 감염된다. 때문에 농피증 따위의 감염 증세가 나타나는 경우가 적지 않다. 또한 알레르기성 피부염일 가능성도 있다.

코끝 | 코끝을 땅에 대고 킁킁 냄새를 맡을 때 흙을 통해 세균이나 곰팡이류, 기생충 등에 감염될 수 있다. 농피증, 귀개선충증, 피부진균증일 가능성도 있다.

Part 01 　✼　 애견의 SOS를 놓치지 말자

평소의 몸짓 속에 SOS가 숨어 있다

머리에 주목하자!
머리를 자주 흔들지 않는가?

냄새에 주목하자!
이상한 냄새가 나지 않는가?

호흡에 주목하자!
숨을 거칠게 내쉬지 않는가?

> 가장 좋아하는 장난감을 갖고
> 즐겁게 놀고 있을 때,
> 또는 한가롭게 엎드려 누워 있을 때……
> 평상시와 조금 다르다고 생각되는
> 동작이나 상태를 발견하면
> 그대로 방치하지 말고 개의 몸을
> 자세히 살펴봐야 한다.

호흡에 주목하자!
기침을 하지 않는가?

집에 혼자 두었을 때의 행동에 주목하자!
집에 혼자 두어도 대소변을 잘 가리는가?

엉덩이에 주목하자!
엉덩이를 땅에 대고 비비지 않는가?

Part 01 　　 애견의 SOS를 놓치지 말자

몸짓 속의 SOS 01
얼굴과 머리의 동작을 살펴보자

머리를 흔든다

>> 귀에 이상이 있다

개가 자주 머리를 흔드는 것은 귓속에서 불쾌감이 느껴지기 때문이다. 예를 들어 벌레나 쓰레기 등의 이물질이 귀에 들어가면 머리를 흔들며 그것을 밖으로 빼내려고 한다.

한편 외이염이나 중이염에 걸리면 개가 가려움증 때문에 머리를 자주 흔든다. 또한 귀를 흔드는 것 외에 귀를 비스듬히 기울이거나, 귀 뒤를 자주 긁거나, 귀를 뭔가에 비벼댄다.

이런 행위를 할 때는 귀를 살펴보자

귀를 벽에 대고 비벼댄다

머리를 자주 흔든다

귀를 기울인다

귀 뒤를 쉴새없이 긁는다

이 밖에 진드기의 일종인 귀개선충이 귓속에 기생하고 있을 때도 상당한 가려움증으로 괴로워한다. ⋯❯ 70p. 귀의 병을 참고한다.

열이 난다

≫ 감염증, 중독, 내장의 질병과 관계가 있다

개는 열이 나고 몸이 무거워도 그것을 말로 호소하지 못한다. 그래서 평상시와 다른 행동을 보일 때는 서둘러 그 원인을 찾아야 한다.

호흡이 빨라지는 것은 곧 열이 난다는 신호로, 운동을 하지 않고 편안히 안정을 취하는데도 입을 벌린 채 거친 숨을 내쉰다. 기력도 없어 보이고 콘크리트 같은 차가운 장소만을 찾아 엎드려 있는 경우에는 더욱 세심한 주의가 필요하다. 발열 상태가 지속되면 체내의 수분이 소모되기 때문에 소변의 양이 줄고, 색도 진해진다. 또한 열이 나면 혀나 입 안이 평소보다 빨개진다. 이와 같은 발열의 징후가 보이면 곧바로 체온계로 열을 재본다.

개의 종류나 개에 따라서 다소 차이가 있지만, 개의 평균 체온은 인간보다 높아 대략 39℃ 정도이다. 만일 열이 40℃를 넘는다면 병이 걸리지 않았는지 의심해야 한다. 열이 나는 질병은 감기, 감염증, 중독, 내장의 염증성 질병 등 매우 다양하다. 서둘러 의사의 진찰을 받아 원인을 찾아내는 것이 무엇보다도 중요하다. ⋯❯ 86p. 감염증, 112p. 폐렴, 116p. 위염, 121p. 간염, 125p. 신염, 144p. 중독을 참고한다.

열이 나고 있는 신호를 놓치지 말자

- 등을 구부린다
- 소변의 양이 줄어든다
- 활동적이지 못하다
- 차가운 장소에만 엎드려 있으려고 한다
- 턱을 쑥 내민다
- 혀가 붉게 변한다
- 호흡이 빨라진다

Part 01　❋　애견의 SOS를 놓치지 말자

몸짓 속의 SOS 02

악취를 점검하자

온몸에서 악취가 난다

›› 피부병이 의심된다

개의 몸에서 나는 냄새는 주로 피부에서 분비되기 때문에 건강과 직접적인 관계가 없지만, 불쾌한 냄새가 날 때는 주의해야 한다. 냄새가 몸 전체에서 날 경우에는 피부병일 가능성이 높다. 예를 들어 피지선에서 기름기가 많이 분비되는 지루증은 분비된 기름기가 공기와 접촉하면서 산화작용이 일어나 악취가 난다. 세균 감염에 의한 농피증도 피부가 곪아 썩은 냄새가 난다. 피부병은 대부분 가려움증이나 탈모증을 동반한다. 만일 몸에서 악취가 날 때는 피부상태와 가려움증이 있는지 확인한다. ⋯❖ 60p. 피부병을 참고한다.

냄새가 어디에서 나는지 파악하자

온몸에서 냄새가 난다 | 온몸에서 냄새가 나는 경우는 피부나 털을 살펴본다. 피부에 이상이 있으면, 즉 피부나 털에 기름기가 잔뜩 끼어 있을 때는 피부병을 의심해야 한다.

주름 사이는? | 주름 사이는 통풍이 나빠서 피부에 이상이 생기기 쉽다. 주름 사이에 낀 음식물 찌꺼기는 쉽게 부패되므로 청결을 유지하는 것이 무엇보다 중요하다.

발가락 사이는? | 발가락 사이에는 더러운 이물질이 끼기 쉽고, 그것이 악취를 풍기는 원인일 수도 있다. 흙에서 감염되는 피부병은 발가락 사이에서 증세가 시작되는 경우가 적지 않다.

귀에서 냄새가 난다

» 귀지가 쌓여 있다

귓속에서 악취가 나는 원인은 대부분 귓속에 쌓인 귀지 때문이다. 이것이 공기와 접촉해 변질되면 어김없이 악취를 풍긴다. 특히 통풍이 나쁜 개, 예컨대 귀가 아래로 처진 개에게서 자주 나타나는 현상이다.

또한 귀지가 세균에 감염되면 외이염이나 중이염을 쉽게 일으키는데, 이것이 곪아서 악취를 풍기는 경우도 있다. ⋯▸ 71p. 외이염, 중이염을 참고한다.

귓속에서 냄새가 난다 | 귀지가 쌓여 있지 않은지 자세히 살펴본다. 쌓인 귀지가 부패해 악취가 날 가능성이 있다. 또한 중이염이 원인인 경우도 있다.

입에서 냄새가 난다

» 입 속에 염증이 생겼다

치주병으로 잇몸에 염증이 생기고, 그것이 차츰 곪기 시작하면서 악취를 풍긴다.

또한 이물질에 의해 입 안에 생긴 상처가 곪아 고약한 냄새가 날 수도 있다. 구내염 등 점막에 염증이 생긴 경우에도 역시 입냄새가 난다. ⋯▸ 78p. 입과 이의 병을 참고한다.

엉덩이에서 악취가 난다 | 항문 양쪽에 있는 항문낭에 염증이 있을 가능성이 크다. 또한 항문 주위에 염증이 생겨도 악취가 난다. 만일 암캐라면 질에 이상이 있을 수도 있다.

엉덩이에서 악취가 난다

» 항문의 염증이나 질염일 가능성이 있다

항문낭염이나 항문주위염 등 항문 부위에 이상이 생긴 경우이다. 분비물이 염증을 일으키거나 항문 주위의 피부가 곪아서 악취가 날 수 있다.

암컷의 경우는 자궁축농증과 질염 등의 생식기 질병도 생각할 수 있다. ⋯▸ 118p. 항문낭염, 129p. 자궁축농증을 참고한다.

입에서 냄새가 난다 | 입 속에서, 또 숨을 내쉴 때 고약한 냄새가 나는 경우는 치주병일 가능성이 있다. 곧바로 이와 잇몸에 이상이 없는지 확인한다. 구내염이 원인일 수도 있으므로 입 속의 점막도 살펴본다.

몸짓 속의 SOS 03
기침과 호흡의 이상을 살펴보자

기침을 한다

≫ 기도의 염증 또는 심장과 호흡기에 이상이 있다

기침을 동반하는 질병은 여러 가지가 있는데, 가장 먼저 예상되는 것이 기도 어딘가에 생긴 염증이다. 목구멍과 가까운 기도에 염증이 생기는 것이 감기로, 염증이 기관지까지 퍼지면 기관지염, 더 나아가 폐까지 침투하면 폐렴으로 발전한다.

또한 심장에 장애가 있을 때도 기침을 한다. 심장기능이 저하되어 혈액순환이 나빠지면 심장에서 폐로 향하는 혈관에 혈액이 쌓여 혈액 속의 수분이 기도로 빠져나가는데, 이를 제거하기 위해 기침이 나온다. 또한 심장에 필라리아(개사상충)가 기생하고 있을 때도 같은 이유에서 기침이 나온다. 한편 갈비뼈의 골절, 흉부 타박상 등 호흡기 주변에 상처가 생겨도 기침을 한다. 대체로 약한 기침은 대수롭지 않게 여기는 경향이 있는데, 병이 악화되면 기침할 기력조차 약해지기 마련이다. 예컨대 기침을 약하게 할 때가 오히려 중증이라고 생각하는 것이 훨씬 더 정확하다. **…▶ 94p. 필라리아증, 106p. 심장의 병, 110p. 호흡기의 병을 참고한다.**

심장병의 징후
마른기침이 계속 나올 때는 심장병일 가능성이 높다. 필라리아증의 경우도 심장에 이상이 생겨 같은 증세가 나타난다.

켄넬코프(개 전염성 후두기관지염)의 징후
마르고 건조한 기침이 끊임없이 이어진다. 호흡기 이외에 특별히 눈에 띄는 증세가 없는 경우는 호흡기의 감염증인 켄넬코프일 가능성이 높다.

폐렴의 징후
목 부위의 염증은 폐기능에는 별로 영향을 끼치지 않는다. 그러나 폐렴에 걸려 기능이 약해지면 강한 기침을 하지 못하고 캑캑거리다 만다.

숨을 거칠게 내쉰다

≫ 호흡기의 장애, 심장병이 원인이다

날씨가 무더운 것도 아니고 그렇다고 운동한 것도 아닌데 숨을 거칠게 내쉰다면 호흡기 장애로 정상적인 호흡을 못하는 상태일 수 있다. 개는 호흡이 곤란할 경우 대체로 숨쉬기 편한 자세를 취한다. 예를 들어, 앉아 있을 때는 횡격막에 압박을 주지 않기 위해 앞발을 벌리고 가슴을 활짝 편다. 그리고 서 있을 때는 가능한 기도를 똑바로 하기 위해 입을 벌린 상태에서 목을 앞으로 쭉 내민다.

개가 숨쉬는 것을 답답해하면 일단 기관지염 등의 호흡기 질병을 생각할 수 있는데, 이 밖에 심장병과 관련이 있을 수도 있다. 심장의 움직임이 불완전하면 혈액순환이 나빠져 폐에 산소를 원활하게 공급하지 못해 숨이 막힌다. 호흡은 체온을 조절하는 역할을 담당하기 때문에 감염증 등으로 고열이 나면 호흡 횟수가 많아진다. 개가 거친 숨을 내쉬는 원인은 아래 표처럼 다양하다. 각각의 증세와 상황을 잘 파악해 적절하게 대처한다. ⋯⋮ 106p. 심장의 병, 110p. 호흡기의 병을 참고한다.

기관지염의 징후
기관지염에 걸리면 가래가 나오기 때문에 습한 기침을 한다. 여기서 한층 더 나빠지면 호흡곤란이 일어나 고통스럽게 숨을 내쉰다.

그 밖에 어떤 증세가 있는지 아래 도표에서 확인한다. 예상되는 질병을 예로 들어 설명하고 있다.

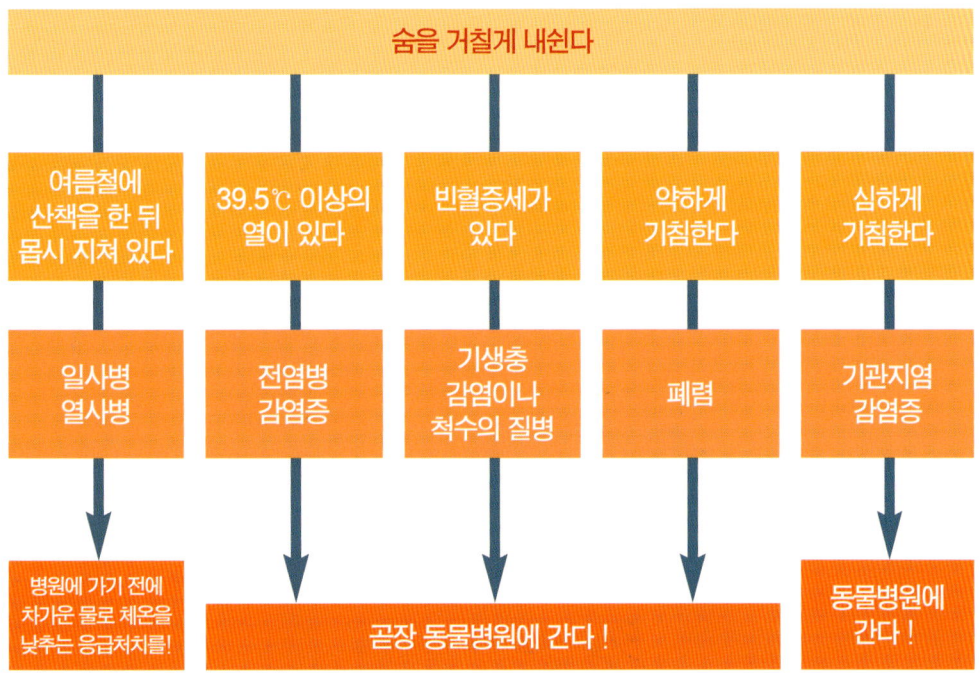

Part 01   애견의 SOS를 놓치지 말자

몸짓 속의 SOS 04
엉덩이의 움직임을 살펴보자

엉덩이를 땅에 대고 비벼댄다

》 항문에 이상이 있다

개가 엉덩이를 땅에 비벼대는 것은 항문과 그 주위에 통증이나 가려움증 등의 불쾌감이 있기 때문이다.

  항문에 이상이 생기면 개는 엉덩이를 땅에 비벼대는 것 외에, 항문을 감싸듯이 꼬리를 쫓아다니며 빙빙 돌거나, 누군가가 꼬리 만지는 것을 아주 싫어한다.

  항문의 질병에는 항문 주위로 번지는 피부염인 항문주위염과, 항문낭에 분비물이 쌓여 생기는 항문낭염 등이 있다. 항문낭염의 경우 항문낭을 만지면 몽우리가 손에 잡힌다.

  그 밖에 배변하고 싶지만 좀처럼 변이 나오지 않고, 설사 증세로 직장 점막이 외부로 돌출되어 위화감이 생길 때에도 엉덩이를 땅에 비벼댄다. 또한 촌충병 등 기생충에 의한 질병일 경우에는 기생충들이 항문 주위에 달라붙는데, 그 자극 때문에 엉덩이를 땅에 비벼댄다. ⋯❖ 92p. 기생충병, 118p. 항문낭염을 참고한다.

엉덩이 주위를 관찰하자

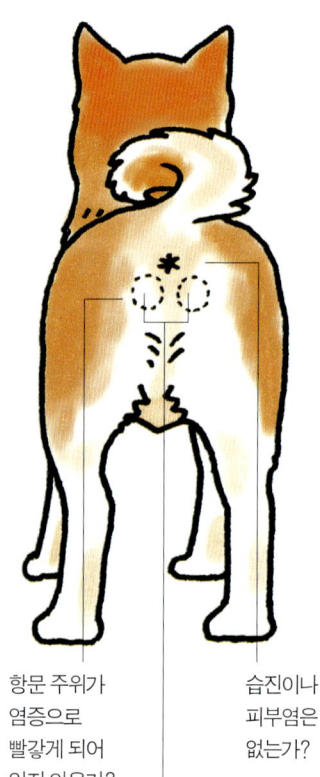

항문 주위가 염증으로 빨갛게 되어 있지 않은가?

습진이나 피부염은 없는가?

항문낭의 주위에 몽우리는 없는가?

엉덩이를 계속 비벼대는 것은 항문 주위에 원인이 있다

몸짓 속의 SOS 05
집에 혼자 있을 때의 행동을 살펴보자

집에 혼자 있으면 대소변을 가리지 못한다

>> **마음의 질병일 수 있다**

평상시는 대소변을 가리는데도, 주인이 외출해 혼자 집을 지키고 있을 때는 지정된 곳 이외의 장소에 대소변을 본다. 주인을 짜증나게 하는 이와 같은 문제행동은 개의 심리상태와 깊은 관련이 있다. 일단 설사와 같은 소화기의 질병이나 방광염과 같은 비뇨기계통의 질병이 아닌지 확인한다. 병으로 인해 배변이나 배뇨를 참지 못할 가능성도 있다.

또한 장소를 가리지 않고 대소변을 보는 것이 집에 혼자 있을 때만 하는 행동인지 아닌지도 살펴봐야 한다. 혼자 있을 때만 그와 같이 행동한다면 분리불안일 가능성이 있기 때문이다. 개는 놀라울 정도로 주인에게 의지하는 경향이 있어, 주인이 외출하면 불안감을 느낀 나머지 그 같은 문제행동을 한다. ⋯⋯> 146p. 마음의 병을 참고한다.

마음의 질병은 주인의 관계와 매우 밀접한 관련이 있다. 따라서 개를 대하는 방식에 대해 다시 생각해볼 필요가 있다.

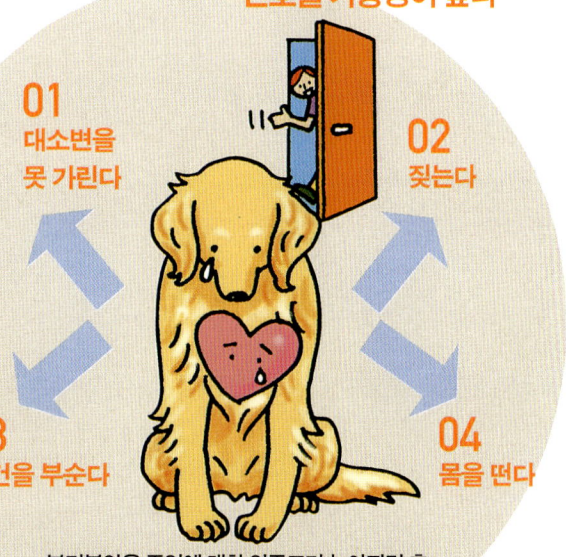

이런 증상은 분리불안의 신호일 가능성이 높다

- 01 대소변을 못 가린다
- 02 짖는다
- 03 물건을 부순다
- 04 몸을 떤다

분리불안은 주인에 대한 의존도가 높아지면 혼자 있을 때 한층 불안감을 느끼는 질병이다

Part 01 ❈ 애견의 SOS를 놓치지 말자

주인이 외출할 때 짖는다

▶▶ 분리불안 때문이다

평소에는 그다지 짖지 않던 개가 주인이 외출할 준비를 하면 웬지 침착성을 잃고 우왕좌왕하는 행동을 보이며 자꾸 짖어대는데, 이것도 분리불안 증세의 일종이다.

평상시는 짖지 않다가도 혼자 있을 때 줄곧 짖어대는 일도 있다. 이 경우 크게 짖기보다는 약간 애처로운 소리를 내며 운다. 주인은 자신이 없을 때 벌어지는 일이라 그런 행동을 눈치채기 어렵다. 그러다 어느 날 주변사람에게서 그런 사실을 전해 듣고 놀라는 경우가 많다. ⋯▸ **147p. 분리불안을 참고한다.**

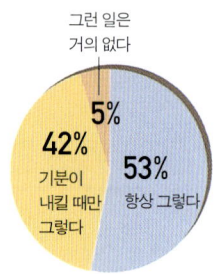
집 안에 있을 때 개가 자신의 뒤를 맴돌며 쫓아다니지 않는가?
그런 일은 거의 없다 5%
기분이 내킬 때만 그렇다 42%
항상 그렇다 53%

혼자 있을 때 물건을 부순다

▶▶ 외로움을 달래려 한다

분리불안의 전형적인 증세로, 현관문이나 커튼 등 출입구 주변의 물건을 망가뜨리는 경우가 많다. 이것은 주인과 함께 외출하고 싶다는 감정의 표출로 볼 수 있다. 성격이 거칠고 난폭하지 않고 주인이 집에 있을 때 별다른 문제를 일으키지 않는 경우에는 역시 분리불안을 의심해봐야 한다. ⋯▸ **147p. 분리불안을 참고한다.**

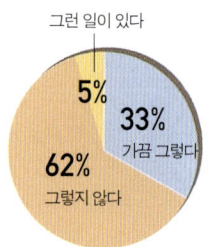
외출 중에 옷이나 가구 등을 물어뜯은 적은 없는가?
그런 일이 있다 5%
가끔 그렇다 33%
그렇지 않다 62%

혼자 있게 되면 몸을 벌벌 떤다

▶▶ 심한 불안증세를 보인다

개는 주인과 함께 있지 못하는 불안감 때문에 주인이 외출해 혼자 있을 때 개는 한층 강한 불안감을 느끼고 몸을 벌벌 떤다. 불안감이 계속되면 설사나 구토를 하기도 한다. 만일 집에 돌아와 개가 설사나 구토를 한 흔적을 발견하면 분리불안을 의심할 수 있다. ⋯▸ **147p. 분리불안을 참고한다**

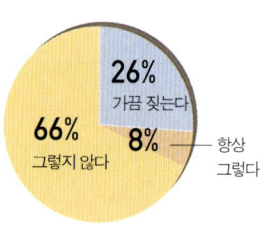
당신이 외출하기 전에 개가 항상 짖어대는가?
가끔 짖는다 26%
항상 그렇다 8%
그렇지 않다 66%

Part 02
알아야 할 질병 지식

Part 02 　　❋　　알아야 할 질병 지식

피부병

모포충증
모포충의 기생으로 발병한다. 탈모증이 일어나고 피부색도 변한다.
66p.

피부진균증
곰팡이에 의해서 발생하는 피부병으로 원형탈모증이 생긴다.
64p.

개선충증
개선충에 의해 생기는 피부병이다. 주로 **부드러운 피부에 발병한**다. **66p.**

벼룩 알레르기
벼룩에 의해 발생하는 피부염이다. **62p**

개의 피부는 어떻게 이루어져 있을까?

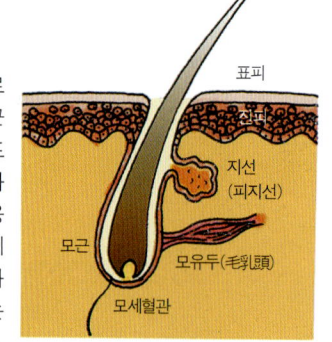

개의 피부는 털(피모)로 뒤덮여 있고, 털은 모근에 있는 모모(毛母)세포에서 자란다. 개는 사계절의 온도차에 적응하도록 일년에 두 차례 많은 털이 빠진 뒤 다시 새로운 털이 나는 이른바 환모기가 있다.
봄이 되면 상모(위털)가 빠지고, 대신 가늘고 짧은 하모(아래털)가 생겨난다. 그리고 가을이 되면 하모가 빠지고, 굵고 긴 상모가 촘촘하게 자란다. 환모기에 발생하는 탈모현상은 질병이 아니다. 이에 반해 피부병에 의한 탈모증은 가려움증과 짓무름증을 동반한다. 만일 털이 빠지기 시작하면 다른 증세는 없는지 확인해야 한다.

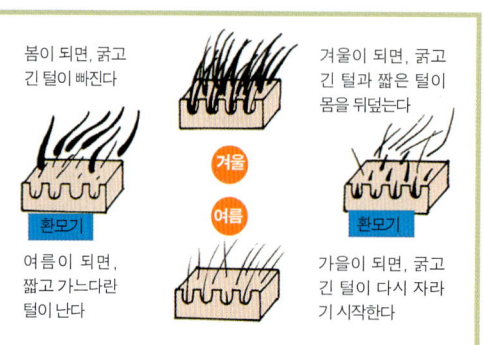

개응애증

개에게 기생하는 개응애가 일으키는 피부염이다. 등에서부터 털이 빠지기 시작하며, 사람에게도 전염된다. **66p.**

알레르기성 피부염

알레르기를 유발하는 물질에는 먼지, 곰팡이, 꽃가루 등이 있다. 이것을 코나 입으로 빨아들이고, 만지고, 먹게 되면 피부에는 다양한 증세가 나타난다. **62p.**

부신피질 기능 항진증

부신피질호르몬의 분비가 많아져 발생하는 병으로 털이 빠진다. **68p.**

갑상선기능 저하증

갑상선호르몬의 분비가 저하되어 피부염이 발생한다. **68p.**

농피증(膿皮症)

피부에 붙은 세균의 증식으로 발생하는 병으로, 온몸에 가려움증이 심해진다. **64p.**

피부병의 종류도 이렇듯 다양하다

P☆int!

피부병은 일상생활에서 예방하자. 샴푸와 브러싱을 할 때 이물질이나 기생충을 제거하면 피부병을 예방할 수 있다. 어떤 견종이든지 피부병에 잘 걸린다. 다음 쪽부터는 각각의 질병마다 특히 잘 걸리는 견종의 예를 들어가며 설명한다.

알레르기성 피부염

왜 생기는가?

a. 면역기능이 지나치게 작용한다

인간을 포함한 동물에게는 세균이나 바이러스 같은 외부의 적을 배제하려는 면역체계가 있다. 이 면역기능이 먼지나 진드기같이 평소에는 별로 반응을 일으키지 않는 것들에 대해 지나치게 작용하여 몸에 해를 끼치는 일이 있다. 이것을 흔히 알레르기라고 하며, 그 원인 물질을 알레르겐(Allergen)이라고 부른다.

알레르기가 원인이 되어 피부에 여러 이상 증세가 나타나는 알레르기성 피부염 중에서 코와 입으로 알레르겐을 흡입함으로써 발생하는 것이 곧 아토피성(흡인성) 피부염이다. 주요 알레르겐에는 먼지, 곰팡이, 꽃가루, 동물의 대변, 진드기류 따위가 있다.

그 밖에 알레르기성 피부염에는 알레르겐과 접촉하여 발생하는 접촉성 피부염, 음식물이 원인인 음식물성 알레르기, 그리고 벼룩이 원인인 벼룩 알레르기성 피부염이 있다.

어떤 증세가 나타나는가?

a. 피부에 붉은 돌기가 생기거나 빨갛게 붓는다

개가 가려움증이 심해 자주 자신의 몸을 발로 할퀴고, 혀로 핥고, 이로 깨문다. 그로 인해 피부에 상처가 나고, 표피가 벗겨져 종양이 생기며, 출혈이 일어나기도 한다. 또한 체액이 스며들어 피부가 짓물러 축축한 상태가 되었다가, 차츰 마르면서 비듬 모양의 물질이 생기기도 한다. 피부상태가 차츰 악화되면 털이 빠져 결국 탈모증을 일으킨다. 아토피성 피부염이나 음식물에 의한 알레르기는 종종 외이염을 동반하기도 한다.

63쪽의 그림에서 보듯이, 피부염에 따라 증세가 잘 나타나는 부위가 있다. 그러나 어떤 경우라도 증세가 악화되면 그 환부가 온몸으로 퍼져 나간다.

어떤 치료와 예방법이 있을까?

a. 알레르겐을 정확히 파악해 신속히 제거한다

알레르기성 피부염은 알레르겐만 제거할 수 있다면 그것으로 치료가 가능하다.

개의 생활환경이나 최근에 먹은 음식물의 변화 등을 통해서 어느 정도 원인물질을 추측할 수 있다. 또 유발 가능성이 있는 알레르겐에 접촉해 그에 따른 반응을 살펴봄으로써 원인을 좁혀 나갈 수 있다면 그 알레르겐을 일상생활 속에서 없앨 수 있다.

그러나 알레르겐을 제대로 밝혀내지 못하는 경우도 많고, 그 원인이 먼지나 진드기일 경우에는 완전히 제거하기가 힘들다. 이 때는 알레르기를 억제하는 약이나 가려움증과 염증을 진정시키는 약을 사용한다.

증세가 잘 나타나는 부위

아토피성 알레르기

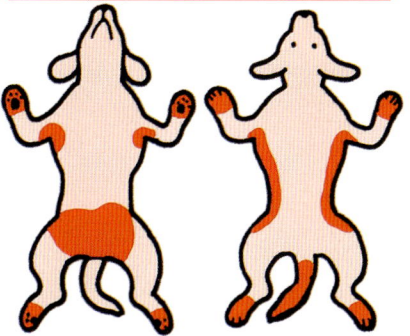

온몸에 생기지만 특히 발끝, 겨드랑이 부분, 복부 등에 쉽게 생기며 가려움증이 심하다. 이 병은 생후 6개월부터 3살까지의 개가 잘 걸린다.

음식물성 알레르기

귀, 머리, 입 주위 등 대개는 머리 부분을 중심으로 증세가 나타난다. 강아지나 늙은 개가 잘 걸린다.

접촉성 알레르기

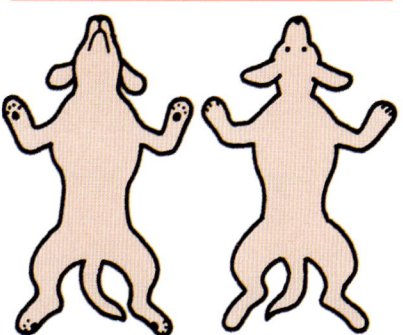

개의 목걸이가 원인이 되어 목 주위에 피부병이 생기는 것처럼, 알레르겐이 되는 물질과 접촉한 곳에 증세가 나타나기 때문에 어느 부위에나 생길 가능성이 있다.

이 질병에 잘 걸리는 개

웨스트 하이랜드 화이트 테리어, 골든 리트리버, 시추, 셰퍼드, 시바, 비글, 래브라도 리트리버

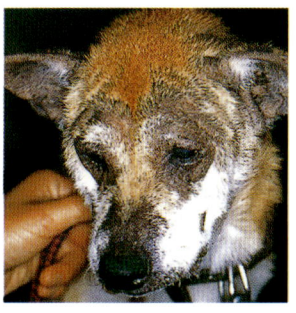

아토피성 피부염의 탈모상태

세균 · 진균성 피부염

왜 생기는가?

a. 세균이나 진균이 기생해 피부에 염증을 일으킨다

세균이 원인인 피부염을 농피증이라고 부른다.

원인이 되는 세균은 그다지 특별한 것이 아니다. 피부에 상처가 났을 때 우리 주위에 항상 존재하는 세균이 그곳에 침입하여 염증을 일으킨다. 발톱에 할퀸 상처나 뭔가에 찔려서 생긴 상처 외에, 모기 따위에 물린 곳을 통해 감염되는 경우도 있다.

또한 병이나 노화 등으로 피부가 외부 균의 침입을 막아내는 보호능력이 약해졌을 때도 세균이 쉽게 침입한다.

한편 진균은 곰팡이를 말하는데, 그 종류가 매우 다양하다. 그 중에서 사상균이라고 불리는 곰팡이가 바로 피부진균증을 일으키는 주요 원인이다. 피부진균증은 감염된 개와 접촉하거나 공기 중에 떠돌아다니는 포자에 의해 감염된다.

어떤 증세가 나타나는가?

a. 털이 빠진다

농피증에 걸리면 개는 몹시 가려워서 이빨로 자신의 몸을 깨물거나 발톱으로 할퀴는데, 그 때문에 털이 빠진다.

세균이 피부 깊숙한 곳까지 침입하면 환부가 곪거나 고열 증세가 나타나기도 한다.

불독처럼 얼굴에 주름이 많은 개는 그 틈새나 아랫입술 등에 잘 발생하기 때문에 이곳을 특히 잘 살펴봐야 한다.

피부진균증은 사상균의 포자가 모공 속에 있는 균사를 키우기 때문에 발생하는데, 그로 인해 털이 가늘어지거나 끊어진다.

이 질병은 원형으로 털이 빠지는 것이 특징이며, 병이 악화됨에 따라 원형탈모 현상이 점점 확대된다. 단, 가려움증은 거의 나타나지 않는다.

어떤 치료와 예방법이 있을까?

a. 약용 샴푸로 치료한다.

피부의 표면에만 염증이 발생하는 농피증의 경우에는 약용 샴푸로 치료가 가능하다. 염증이 피부에는 깊숙히 침투한 상태라면 항생연고나 먹는 약으로 치료한다.

산책한 뒤 반드시 브러싱을 하는 등 피부와 털을 청결하게 유지하는 것도 예방법의 하나이다.

피부진균증의 경우는 진균에 효과가 있는 약을 따뜻한 물에 푼 다음, 그 물로 개를 목욕시키면 치료효과를 높일 수 있다.

단, 진균을 퇴치하기까지는 다소 시간이 걸린다. 완전히 치료될 때까지는 약 한달 정도 걸리므로 인내심을 갖고 꾸준히 치료한다.

진균증이 잘 발생하는 부위

이 질병에 잘 걸리는 개

농피증 | 잉글리쉬 세터, 코커 스패니얼
피부진균증 | 모든 견종

모근에서 번식한 진균

얼굴을 비롯해 귀, 눈 주위, 머리, 발끝 등에서 원형 탈모가 시작되다가 마침내 온 몸으로 퍼져 나간다.

세균이 원인인 피부염 | 농피증

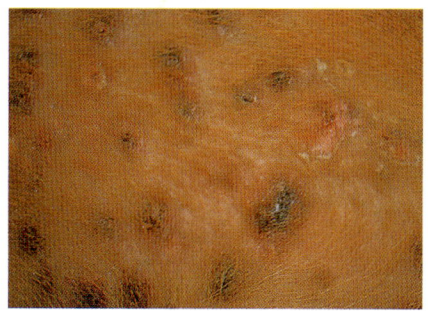

염증이 원형으로 퍼져가며 중심부가 검게 변한다.

진균이 원인인 피부염 | 피부진균증

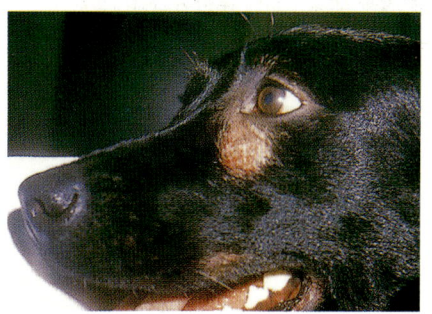

눈 주위의 털이 원형 모양으로 빠져 있다.

기생충에 의한 피부염

왜 생기는가?

a. 벼룩, 진드기가 기생하여 염증을 일으킨다

개의 피부에는 벼룩, 모포충, 개선충, 개응애 등이 기생하며 피부에 염증을 일으킨다.

특히 벼룩이 기생하면 일반적인 피부염 외에 알레르기에 의한 피부염이 발생할 수 있다. 벼룩에 물리면 벼룩의 타액에 함유된 합텐이란 물질이 개의 몸속으로 들어가 알레르기를 일으킨다.

개선충에 의한 피부염은 개선충증이라고도 부르는데, 진드기에 감염된 개에게서 옮는다. 개선충은 피부에 터널 모양의 구멍을 만들어가며 활동하기 때문에 매우 심한 가려움증을 느낀다.

모포충도 진드기의 일종으로, 모공에 기생하며 번식한다. 건강한 개에게도 기생하지만, 특히 면역력이 약한 강아지의 경우 대량으로 번식해 피부염을 일으킨다. 이것이 모포충증이다.

개응애는 피부 표면에 기생하여 개응애증이란 피부염을 일으킨다.

어떤 증세가 나타나는가?

a. 피부의 염증, 탈모, 심한 가려움증이 나타난다

벼룩이 대량으로 기생할 경우에는 피를 빨기 때문에 빈혈을 일으킬 수도 있다. 탈모는 허리 뒤쪽의 등이나 배, 발목 부위 등에 자주 발생한다.

모포충증은 초기에는 가려움 증이 없지만, 차츰 진행하면서 탈모증과 함께 상처가 짓무르면서 가려움증이 심해진다.

개선충증은 귓가나 발꿈치 등에 잘 생기며, 가려움증 때문에 개가 발톱으로 자신의 몸을 할퀴어 상처와 부스럼 등이 생기고 피가 나기도 한다.

한편 개응애가 기생하면 비듬이 많이 생긴다. 비듬이 많아질 때는 그 속에서 어김없이 개응애를 발견할 수 있을 정도이다.

어떤 치료와 예방법이 있을까?

a. 기생충을 제거한다

벼룩에 의한 피부염은 구제약으로 벼룩을 퇴치하면 곧바로 완치된다.

개선충증은 온몸의 털을 깎아내고 진드기 살충제로 목욕시킨다. 완치되기까지는 다소 시간이 걸린다.

모포충증과 개응애증도 진드기 살충제로 목욕을 시킨다. 특히 모포충증의 경우는 항생제를 함께 먹인다.

개선충증과 개응애증은 사람에게도 전염되므로 기르는 주인도 피부과 검사를 받는다.

벼룩이 원인인 **벼룩 알레르기**

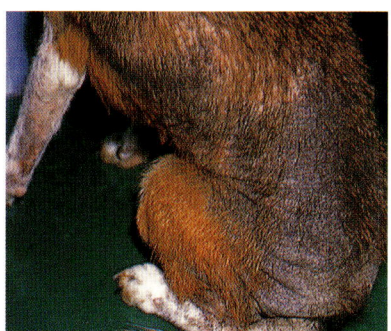

허리의 등부분, 뒷발의 털이 빠진다.

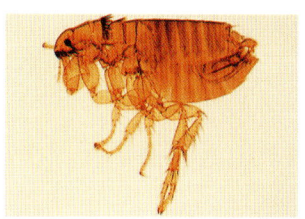

벼룩의 성충

진드기가 원인인 **모포충증**

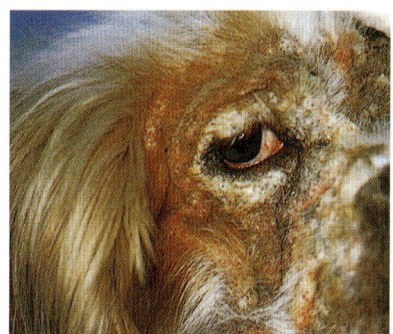

눈이나 입 주위에서 털이 빠지고, 피부가 빨갛게 짓무른다.

대량으로 번식한 모포충

개선충이 원인인 **개선충증**

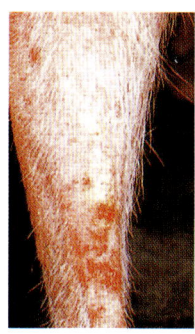 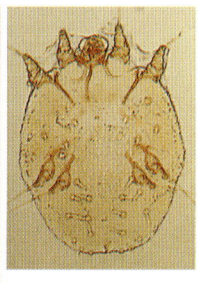

개선충

부스럼을 긁어서 피가 난다.

이 질병에 잘 걸리는 개

모포충증 | 비글, 치와와, 닥스훈트, 달마티안, 도베르만, 그레이트 피레니즈

개선충증 · 벼룩 알레르기 · 개응애증 | 모든 견종

호르몬 이상에 의한 피부염

왜 생기는가?

a. 호르몬의 균형이 깨진다

동물 체내에서는 여러 가지 호르몬이 분비되어 체내의 환경을 비롯해 장기 또는 조직의 활동을 미묘하게 조정한다.

피부와 털 역시 호르몬의 영향을 받는다. 그 때문에 호르몬의 균형이 깨지면 피부염을 일으키거나 털이 빠지기도 한다.

갑상선호르몬과 부신피질호르몬이 특히 피부나 털에 영향을 미친다.

어떤 원인으로 갑상선이 위축되면 갑상선호르몬의 분비가 저하된다(갑상선 기능 저하증). 이 호르몬에는 털의 발육을 돕는 기능이 있어, 이것이 부족하면 털이 끊어지거나 쉽게 빠진다.

부신피질호르몬의 경우는 어떤 원인으로 분비물이 지나치게 많아지면(부신피질 기능 항진증, 또는 쿠싱증후군이라고도 한다. 138p. 참고) 탈모현상이 나타난다. 부신피질 호르몬(스테로이드제)을 장기간 복용할 경우에도 호르몬이 과잉 분비된다.

어떤 증세가 나타나는가?

a. 주요한 증세는 탈모증이다

호르몬 이상으로 탈모현상이 일어나는 경우 일반적으로 좌우 대칭으로 털이 빠지지만, 다른 피부병과 달리 가려움증은 거의 나타나지 않는다.

갑상선 기능 저하증에 걸리면 목과 가슴을 비롯해 온몸에 좌우 대칭으로 털이 빠진다. 그 밖에 기력 저하, 식욕 항진, 비만, 몸놀림이 둔해지는 등의 증세가 나타난다.

부신피질 기능 항진증일 경우에는 탈모가 몸통을 중심으로 발생하는데, 머리나 발 따위에는 별로 나타나지 않는다. 그리고 탈모 부분은 피부가 약해지거나 건조해진다.

또한 탈모 이외에 물을 많이 마시고, 소변의 양이 증가하고, 과식을 하는 등의 이상 증세도 나타난다.

어떤 치료와 예방법이 있을까?

a. 호르몬 분비를 조절한다

호르몬 분비 저하나 분비 과잉이 원인이므로 호르몬 분비를 조절하는 치료를 한다.

갑상선 기능 저하증의 경우는 호르몬이 부족하므로 약으로 보충하고, 부신피질 기능 항진증의 경우는 과잉 분비를 억제하는 약을 먹인다.

스테로이드제의 복용이 원인인 경우에는 그 양을 조금씩 줄여나간다.

부신피질호르몬의 과잉 분비가 원인이 되어 뇌하수체에 종양이 생긴 경우에는 그 종양을 떼낸다. 이를 치료한 뒤 털이 다시 자라기까지는 수개월이 걸린다.

호르몬 이상으로 발생한 피부염은 증세가 좌우 대칭으로 나타나는 것이 특징이다

부신피질 기능 항진증은
- 등
- 배
- 가슴
- 엉덩이
- 몸통

등에 많이 나타난다

이 질병에 잘 걸리는 개

갑상선 기능 저하증 | 아이리시 세터, 아프간 하운드, 골든 리트리버, 슈나우저, 샤 페이, 닥스훈트, 도베르만, 불독

부신피질 기능 항진증 | 닥스훈트, 불독, 복서, 보스턴 테리어, 포메라니안

갑상선 기능 저하증은
- 배
- 목
- 가슴
- 꼬리

등에 많이 나타난다

부신피질 기능 항진증에 의한 피부염

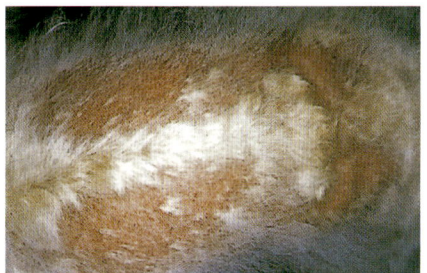

몸통의 털이 좌우 대칭으로 빠진다.

갑상선 기능 저하증에 의한 피부염

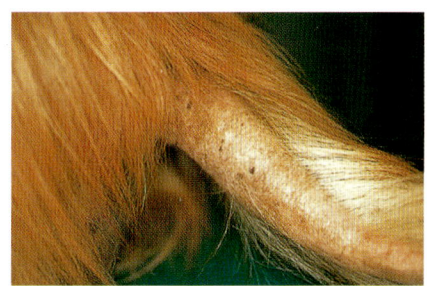

꼬리의 털이 빠진다.

Part 02 알아야 할 질병 지식

귀의 병

개의 귀는 양말 모양이다

개의 귀는 크게 외이, 중이, 내이로 나누어진다. 외이는 소리를 모으는 귓바퀴 및 고막까지 연결된 귓구멍 부분을 가리킨다.

고막의 안쪽에는 작은 뼈로 된 중이가 있는데, 고막의 진동을 조절해 내이에 있는 달팽이관으로 전달한다. 그리고 내이는 청각과 평형감각을 다스린다.

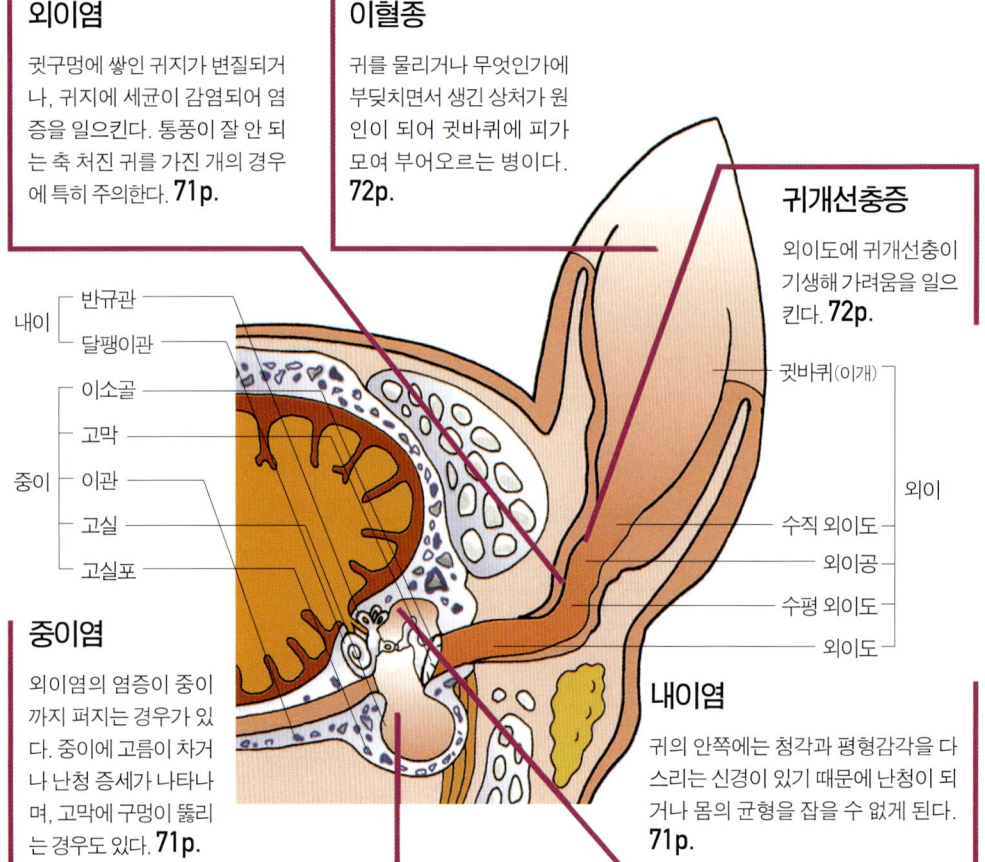

외이염
귓구멍에 쌓인 귀지가 변질되거나, 귀지에 세균이 감염되어 염증을 일으킨다. 통풍이 잘 안 되는 축 처진 귀를 가진 개의 경우에 특히 주의한다. **71p.**

이혈종
귀를 물리거나 무엇인가에 부딪치면서 생긴 상처가 원인이 되어 귓바퀴에 피가 모여 부어오르는 병이다. **72p.**

귀개선충증
외이도에 귀개선충이 기생해 가려움을 일으킨다. **72p.**

중이염
외이염의 염증이 중이까지 퍼지는 경우가 있다. 중이에 고름이 차거나 난청 증세가 나타나며, 고막에 구멍이 뚫리는 경우도 있다. **71p.**

내이염
귀의 안쪽에는 청각과 평형감각을 다스리는 신경이 있기 때문에 난청이 되거나 몸의 균형을 잡을 수 없게 된다. **71p.**

외이염

왜 생기는가?

a. 귀지가 쌓여 염증을 일으킨다

대부분 귀에 쌓인 귀지가 원인이다. 귀지는 외이도에 있는 분비선에서 나온 분비물, 외이도의 피부에 생기는 때, 밖에서 들어온 먼지 등이 뒤섞여 형성된다.

오래된 귀지는 자연스럽게 떨어지는데, 축 처진 귀 때문에 귓구멍의 통풍이 잘 되지 않으면 귀지가 축축해지며 쉽게 쌓인다. 귀 안에 쌓인 귀지가 변질되면서 외이의 피부를 자극하거나, 축축한 귀지에 세균이 번식해 염증이 생긴다.

심해지면 중이염, 내이염을 일으킨다

외이염을 방치해두면 염증이 만성적으로 진행되어 결국 중이로 염증이 번진다. 중이염이 되면 중이의 고실에 고름이 생기고, 그 고름으로 고막에 상처가 나거나 외이의 조직이 두꺼워져 외이도가 막히기도 한다. 이렇게 되면 귀가 잘 들리지 않게 된다.

여기서 더 진행하면 염증이 내이까지 침투하는 경우도 있다. 내이의 반규관에 장애가 오면 평형감각을 잃으며, 더 악화되어 청각을 다스리는 신경까지 침투하는 경우에는 난청이 되기도 한다.

어떤 증세가 나타나는가?

a. 가려움증이 생긴다

가려움증이 생기기 때문에 개가 자주 머리를 흔들고, 귀를 무엇인가에 비비며, 귓바퀴 뒤쪽을 할퀴기도 한다. 이 질병이 진행되면 통증을 동반하기 때문에 개가 귀와 귀 주위를 만지는 것을 몹시 싫어한다. 또한 악취가 나는 고름이 생겨 귀 주위에 있는 털이 지저분해진다.

어떤 치료와 예방법이 있을까?

a. 귀지를 파준다

세균 감염이 되지 않은 경우에는 귀지를 깨끗이 파주면 낫는다. 그러나 세균에 감염된 경우에는 항생제 연고를 발라준다.

중이염은 처진 귀를 가졌거나, 외이도가 좁고 털이 많거나, 외이벽에 주름과 귀지가 많은 개에게 자주 발생한다. 이런 개는 평소 자주 귀를 관찰해 귀지가 쌓이면 청소를 해준다.

이 질병에 잘 걸리는 개

골든 리트리버, 셰퍼드, 닥스훈트, 퍼그, 바셋 하운드, 불독, 페키니즈, 말티즈, 미니어처 불독, 요크셔 테리어

귀개선충증

왜 생기는가?

a. 귀개선충이 기생하여 발생한다

귀지나 귀의 분비물 따위를 먹는 귀개선충에 감염되어 발생한다.

이 진드기에 감염된 개와 접촉하면 옮는데, 진드기가 외이도의 표피에 기생하면서 귀에 알을 낳고 그것이 점차 번식해 나간다.

어떤 증세가 나타나는가?

a. 가려움증이 생긴다

진드기가 기생하면 악취가 나는 흑갈색 귀지가 외이도에 쌓인다. 이렇게 되면 개는 가려움증으로 자주 머리를 흔들거나 귀 뒤를 할퀸다.

외이도에 있는 귀지를 청소해 검은 종이 위에 놓고 충안경(현미경)으로 관찰하면 무수히 많은 백색 진드기가 움직이며 돌아다니는 모습을 확인할 수 있을 정도이다.

어떤 치료와 예방법이 있을까?

a. 귀지를 제거한다

귀지를 깨끗이 제거하고 살충제를 이용해 구제한다.

진드기의 알은 구제되지 않기 때문에 부화하는 시기(3주일 후)에 다시 살충제를 뿌린다.

이혈종

왜 생기는가?

a. 귀에 혈액이 모인다

귀를 무엇인가에 강하게 부딪치거나 다른 동물에게 물려 귓바퀴에 상처가 나면, 그로 인해 혈액과 혈액 속에 함유된 수분이 귓바퀴에 모여 부풀어 오른다.

또한 면역 이상으로 혈액이 혈관 밖으로 스며 나온 것이 원인이 되기도 한다.

어떤 증세가 나타나는가?

a. 귀지가 부풀어 오른다

개는 귀에 통증이 있어 귀 만지는 것을 싫어하지만, 가볍게 만져보면 약간 열이 있음을 느낄 수 있다.

대부분 한쪽 귀에만 발생하는데, 드물게는 양쪽 귀에 증세가 나타나는 경우도 있다.

어떤 치료와 예방법이 있을까?

a. 모여서 쌓인 혈액을 제거한다

귓바퀴 내부에 모여서 쌓인 혈액 등을 주사기로 흡입해 빼내거나 수술로 제거한다.

지혈제나 항생물질 등을 주입하여 감염을 예방할 경우에는 환부에 붕대를 감아 액체가 모이는 것을 막는다.

귀개선충증

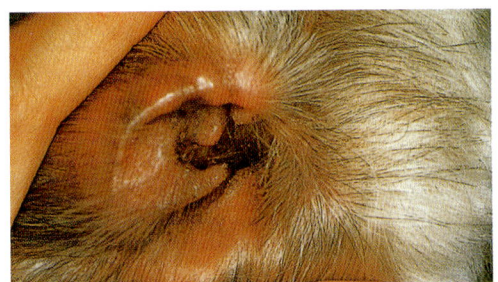

악취가 나는 흑갈색 덩어리에 개선충이 있다.

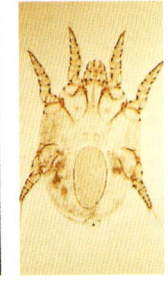

귀개선충

이 질병에 잘 걸리는 개

모든 견종

귀지로 알 수 있는 귀의 이상

이 질병에 잘 걸리는 개

모든 견종

황갈색의 귀지

↓

정상

고름이 있다

↓

중이염, 외이염일 가능성이 있다.

검은색의 귀지

↓

중이염, 외이염이 악화되어 피가 나온다

초콜릿색의 귀지

↓

귀진드기나 세균에 감염되었을 가능성이 있다

Part 02 　 ✻ 　 알아야 할 질병 지식!

눈의 병

수정체 렌즈를 통해 각막에 상이 맺힌다

눈의 구조는 자주 카메라와 비교된다. 검은 눈동자를 싸고 있는 각막을 통해 들어온 광선이 카메라 렌즈에 해당하는 수정체를 통과한다. 수정체는 초점이 맞도록 두께를 소절하는데, 이 수정체를 통해 굴절된 광선이 카메라의 필름에 해당하는 각막에 상을 맺는다.

안구는 위, 아래의 눈꺼풀로 보호되며, 눈 안쪽에는 제3의 눈꺼풀이라고 불리는 순막이 자리한다.

눈의 구조와 병을 일으키는 곳

각막염·결막염

상처나 세균 감염 등으로 각막이나 결막에 염증이 생기면 개는 눈의 아픔을 호소한다. 조기에 치료하지 않으면 시력에 영향을 미친다. **75p.**

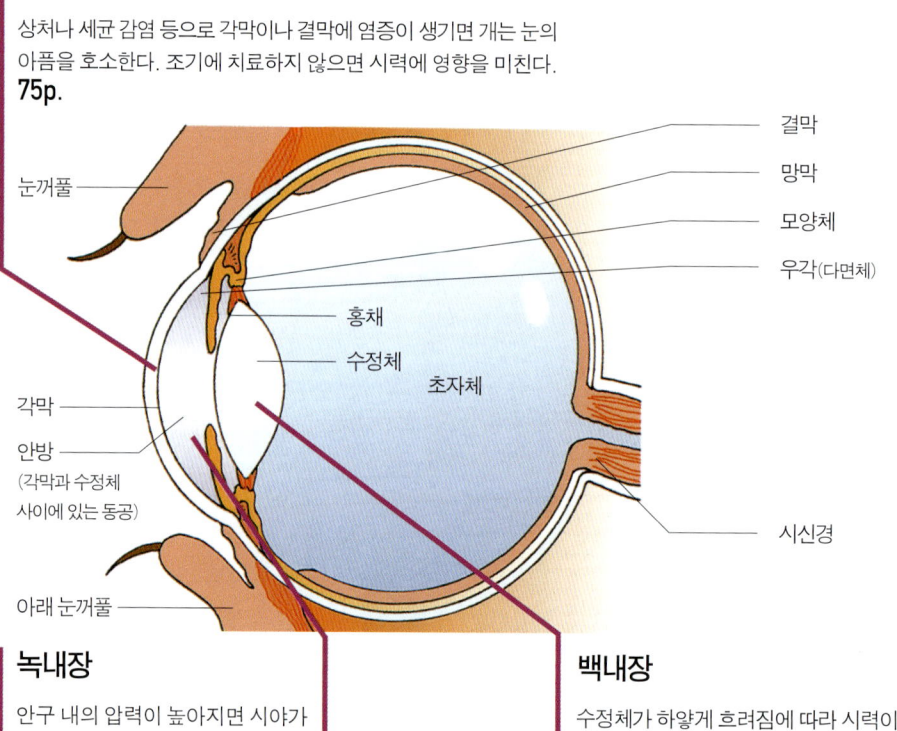

녹내장

안구 내의 압력이 높아지면 시야가 좁아지거나 시력이 나빠진다. 악화되면 실명 위험이 있다. **76p.**

백내장

수정체가 하얗게 흐려짐에 따라 시력이 저하되어간다. 노화나 당뇨병 등 다양한 원인에 의해 발생한다. **76p.**

각막염 · 결막염

왜 생기는가?

a. 이물질이나 상처, 자극, 세균, 바이러스 감염으로 염증이 발생한다

검은 눈자위를 둘러싼 각막이나 눈꺼풀 뒤쪽에 있는 결막은 외부와 접촉하기 때문에 이물질이 쉽게 달라붙는다. 따라서 이물질을 제거하기 위해 눈을 비비다가 염증이 생기는 경우가 많다.

물건에 부딪치거나 싸움으로 생긴 외상, 샴푸가 눈에 들어갔을 때 생기는 자극, 그리고 속눈썹의 자극으로도 일어난다. 세균이나 바이러스 등의 감염도 원인 중의 하나이다.

어떤 증세가 나타나는가?

a. 눈이 붉게 충혈되거나 부어오른다

통증이나 가려움 때문에 자주 눈을 비비거나 눈 주위를 할퀴며 눈물을 많이 흘린다. 그래서 눈 주위가 짓무르고 지저분해진다.

각막염이 진행되면 각막이 하얗게 흐려지는데, 더 악화되면 새로운 혈관이 생겨 눈이 빨갛게 보이기 시작한다.

한편 결막염은 눈꺼풀을 뒤집으면 빨갛게 충혈되거나 부어올라 있다. 정도가 심해짐에 따라 결국 눈꺼풀도 부어오른다.

어떤 치료와 예방법이 있을까?

a. 원인이 되는 이물질을 제거한다

이물질 등 물리적인 자극이 원인이면 그것을 제거하고 염증을 가라앉히는 안약을 넣어준다.

감염증의 경우에는 점안약이나 항생제 연고를 사용한다.

화학물질이 원인인 경우에는 눈을 씻는 등 원인에 맞게 치료한다.

이 질병에 잘 걸리는 개

시추, 슈나우저, 닥스훈트, 치와와, 친, 퍼그, 불독, 페키니즈 등

눈꺼풀의 이상으로 각막염과 결막염이 발생하는 경우도 있다

선천적 이상이나 외상, 신경마비 등으로 눈꺼풀이 눈 안쪽으로 감기는 경우가 있다(안검 내반증). 이 경우 눈꺼풀이 항상 각막이나 결막을 자극하기 때문에 만성적인 결막염과 각막염을 쉽게 일으킨다.

반대로 주로 아래 눈꺼풀이 바깥쪽으로 젖혀지는 경우도 있다(안검 외반증). 이렇게 되면 결막이 노출되기 때문에 이물질 등이 잘 붙어 역시 쉽게 염증이 생긴다.

눈꺼풀의 내반이나 외반이 중증일 경우는 수술치료가 필요하다.

백내장

왜 생기는가?

a. 수정체가 하얗게 흐려진다

본래는 투명한 수정체가 단백질 변화로 백색으로 탁해지는 병이다.

당뇨병, 상처, 호르몬 이상, 중독 등이 원인인 경우도 있지만, 대부분 노화 때문에 발생한다. 다른 원인은 없으며, 6살 이전에 발병한 경우는 유전적인 원인으로 본다.

어떤 증세가 나타나는가?

a. 사물이 잘 보이지 않는다

수정체가 탁해지면 빛이 잘 통과하지 못해 흐려지면서 시력장애가 나타난다. 사물이 잘 보이지 않기 때문에 휘청거리며 걷거나 부딪치며, 던진 공을 볼 수 없게 된다.

노화로 발병한 경우에는 증세가 서서히 나타나기 때문에 나이 탓으로 여기는 경우도 있다.

어떤 치료와 예방법이 있을까?

a. 진행을 억제시킨다. 심해지면 수정체를 떼낸다

약을 먹여 병이 더 이상 진행되지 않게 한다. 혼탁도가 심한 경우에는 수정체 적출 시술을 하기도 한다.

녹내장

왜 생기는가?

a. 안압이 높아져서 시신경을 압박한다

안구 내부의 압력을 안압이라고 하는데, 이 안압이 높아지면 눈 안쪽에 있는 시신경을 압박해 시력장애가 나타난다. 이는 안압이 올라가면서 각막과 수정체 사이에 있는 안방을 채우는 안방수(眼房水)가 증가하기 때문이다.

어떤 증세가 나타나는가?

a. 시력이 떨어지고, 심하면 시력을 상실할 수도 있다

눈이 녹색이나 적색으로 보이는 일이 생긴다.

진행되면 높은 안압으로 안구가 커지고, 더 심해지면 시신경이나 각막이 압박을 받아 시야가 좁아져 결국 시력장애가 일어나기도 한다. 그대로 방치해두면 시력을 상실한다.

안압이 급속하게 올라가면 심한 통증 때문에 개가 공격적으로 변하기도 한다.

어떤 치료와 예방법이 있을까?

a. 안방수를 배출한다

이뇨제나 동공을 닫게 하는 약으로 안방수의 배수를 촉진한다. 수술로 안방수를 배출시키는 측로를 만들기도 한다.

수정체가 탁해지기 때문에 시력장애가 온다

정상
정상적인 수정체는 투명하기 때문에 외부에서 들어오는 빛을 받아들이는 데 아무런 문제 없이 각막에 상을 맺는다.

백내장
수정체가 흐려져 있으면 외부에서 들어온 빛을 투과하지 못해 망막에 흐린 상을 맺는다.

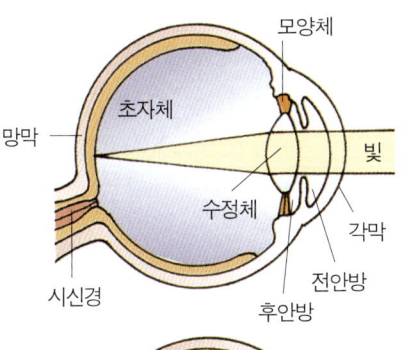

이 질병에 잘 걸리는 개

백내장 | 골든 리트리버, 셔틀랜드 십독, 닥스훈트, 비글, 불독, 나이든 모든 견종

녹내장 | 웰시 코기 펨브로크, 치와와, 비글

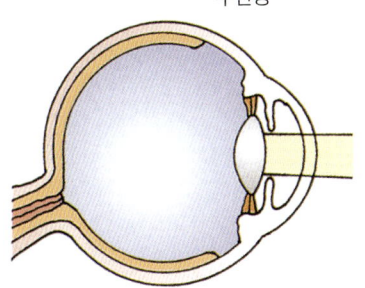

안방에 물이 차기 때문에 시력장애가 일어난다

정상
안방수는 모양체에서 분비되어 홍채 밑에 있는 우각부에서 배출되며, 항상 일정한 양을 유지한다.

녹내장
위치에 이상이 생기는 등 우각이 좁아지고(폐쇄 우각 녹내장), 우각 주위에 이상이 오면(개방 우각 녹내장), 안방수가 정상적으로 배출되지 않는다. 그 때문에 안방수가 증가해 안압이 올라간다.

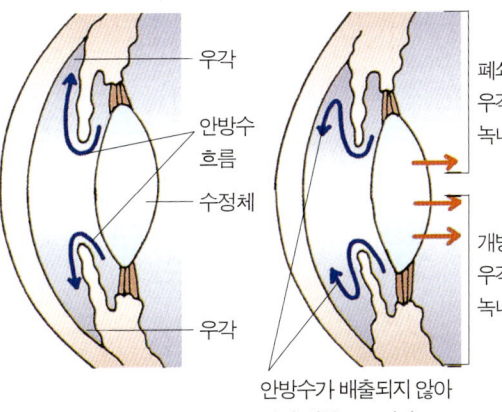

Part 02 | 알아야 할 질병 지식

입과 이의 병

이는 몸을 지키는 무기가 되기도 한다

개의 이는 음식물을 물어 찢는 것 외에 때때로 적으로부터 몸을 지키는 무기가 되기도 하므로 굉장히 강하다. 사람은 이가 32개 있는데 반해 개는 42개가 있다. 개는 어금니로 수확물이나 적을 푹 찌른다. 사람의 어금니는 음식물을 씹어 부수는 역할을 하지만, 음식물을 그대로 먹는 개는 어금니 윗부분이 마치 톱니처럼 날카로워 고기 등을 물어뜯고 찢고 잘라낸다.

입과 이의 구조와 병이 발생하는 곳

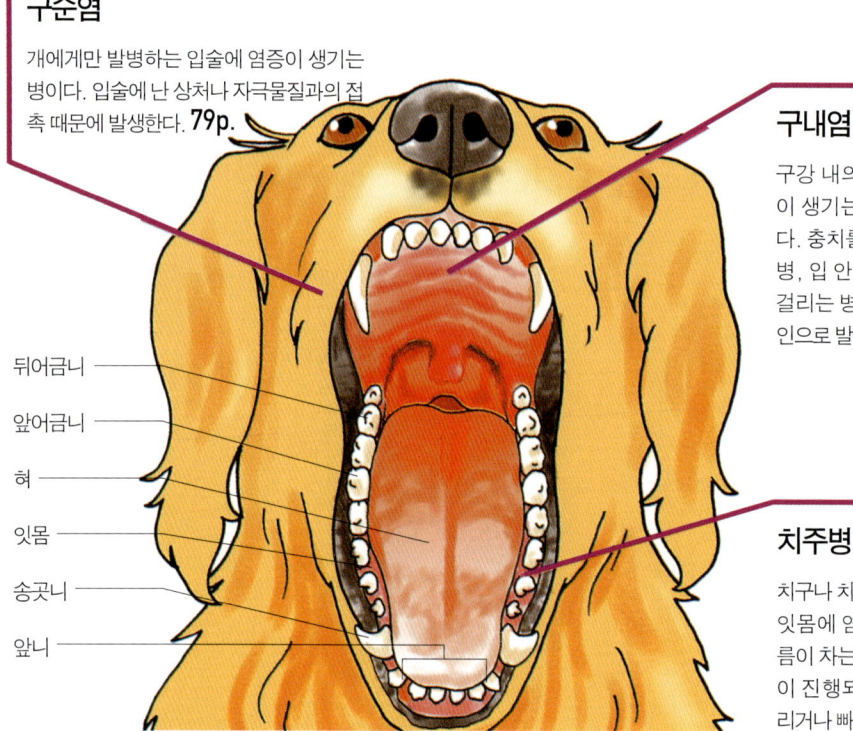

구순염
개에게만 발병하는 입술에 염증이 생기는 병이다. 입술에 난 상처나 자극물질과의 접촉 때문에 발생한다. **79p.**

구내염
구강 내의 점막에 염증이 생기는 병의 총칭이다. 충치를 비롯해 치주병, 입 안의 상처, 몸에 걸리는 병 등 다양한 원인으로 발생한다. **79p.**

치주병
치구나 치석의 자극으로 잇몸에 염증이 생겨 고름이 차는 병이다. 이 병이 진행되면 이가 흔들리거나 빠진다. **80p.**

- 뒤어금니
- 앞어금니
- 혀
- 잇몸
- 송곳니
- 앞니

구내염 · 구순염

왜 생기는가?

a. 입 안, 입술의 상처 때문에 염증이 생긴다

구내염은 입 안 점막에 생긴 염증을 총칭하는데, 그 원인이 매우 다양하다.

개는 다양한 것들을 입에 넣는데, 그 중 뾰족한 이물질 때문에 입 안 점막에 상처가 나 구내염으로 발전하기도 한다. 그 밖에 당뇨병, 비타민 부족, 감염증, 신장병 등이 원인인 경우도 있으므로 충분한 주의가 필요하다. 치육염이나 치주병도 구내염을 일으키는 원인이다.

입술에 염증이 생기는 구순염은 개에게만 발견되는 병이다. 입술의 상처, 자극물과의 접촉, 알레르기 등으로 염증이 생긴 곳이 세균에 의해 2차 감염되어 발생한다.

어떤 증세가 나타나는가?

a. 붓거나 짓무르며, 이상한 냄새가 난다

구내염은 환부에 발진이 생기며 붓거나 짓무른다. 얇은 막이 표면에 붙어 종양이 되기도 한다. 또한 침을 많이 흘리거나 입냄새가 나기도 한다.

전신성(全身性)의 병이 원인이면 식욕부진이나 미열 등의 증세도 나타난다. 개가 때때로 입 주위를 발로 할퀴는 동작을 하기도 한다.

한편, 구순염의 경우에는 통증과 가려움증을 동반하기 때문에 개가 거북해서 자주 입 주위를 핥다가 털이 빠지거나 악취가 난다.

어떤 치료와 예방법이 있을까?

a. 염증을 치료하며 입 안을 청결하게 한다

구내염은 원인이 무엇이냐에 따라 치료법이 달라진다. 원인이 세균 감염일 때는 항생제로 염증을 치료하고, 치주병이 원인인 경우에는 염증 치료와 함께 각각의 원인에 맞는 치료를 병행한다.

구순염은 항균성 비누로 환부를 잘 씻는 것이 중요하다.

자극이나 알레르기가 원인인 경우는 식물이나 플라스틱 식기 등 병을 일으킬 수 있는 물건을 가능한 개로부터 멀리 옮겨 놓는다.

구내염이나 구순염은 항상 입 안을 청결하게 하는 것이 예방과 직결된다.

이 질병에 잘 걸리는 개

구내염 | 모든 견종
구순염 | 코커 스패니얼, 시추, 퍼그 등 단두종이나 세인트 버나드같이 입술이 처진 견종

치주병

왜 생기는가?

a. 치석이 쌓여서 잇몸에 염증이 생긴다

잇몸을 전문적으로는 치육(齒肉)이라고 부르는데, 여기에 염증이 생기는 병이 치육염이다. 이 염증이 치근막이나 시멘트질 따위의 치주조직에 퍼진 것이 치주염이고, 치육염과 치주염을 함께 부르는 것이 치주병이다.

일반적으로 치조농루는 치주염이 진행되어 이의 주위 조직에 고름이 생긴 상태를 말한다.

치육염이나 치주염은 이에 쌓인 이물질이나 치석이 원인이 되어 발생한다. 입 안에 남아 있는 음식물 찌꺼기를 먹고 번식한 세균과 타액 성분이 혼합되기 때문이다. 이러한 것들이 이와 잇몸에 침착하면, 치구 속에 있는 세균의 독소에 자극되어 치육염이 발생한다.

치구가 석회화하여 딱딱해진 것이 치석이다. 치구와 치석이 쌓이면 결국 이와 잇몸 사이에 틈(치주 포켓)이 생긴다. 이 곳 역시 세균이 번식할 수 있는 최상의 장소로, 여기서 조금씩 염증이 생기기 시작한다.

치육염이 한층 진행되면 잇몸이 줄어들고 치주조직에도 염증이 퍼져 마침내 이를 지탱하고 있는 조직에 상처가 나 이가 흔들거리다가 결국 빠지고 만다.

어떤 증세가 나타나는가?

a. 잇몸이 붓다가 심해지면 이가 빠지거나 고름이 쌓인다

치육염이나 치주염이 진행되면서 침이 많아지고 입냄새가 난다. 이가 노란색이나 갈색으로 변색되거나, 잇몸이 붓고 피가 나는 등의 증세가 나타나기도 한다.

이가 흔들리면 음식물 먹기가 쉽지 않아 먹는 데 시간이 걸리거나, 영양부족으로 털의 윤기가 사라진다.

개는 입과 눈 사이가 가까워서 악화되면 잇몸에 생긴 고름이 눈 아래쪽에서 나오기도 한다.

어떤 치료와 예방법이 있을까?

a. 치석을 제거해 염증을 치료한다

입 안을 잘 소독하고 치석을 제거한다. 치주포켓에 쌓인 치석이나 고름도 깨끗이 제거한다. 또한 치구가 생기지 않도록 이 표면을 잘 닦아준다. 치육염이나 치주염 초기에는 이런 처치 정도로도 염증이 낫는다.

이가 흔들릴 때는 고정시키는 방법도 있지만, 악화되면 정기적인 치석 제거로 진행을 막기는 어렵다. 일단 진행되면 치료가 어려운 만큼 조기 발견과 예방이 무엇보다 중요하다. 칫솔로 이를 닦으면서 정기적으로 치석 제거를 병행해 이와 잇몸의 건강을 지켜준다.

이의 구조

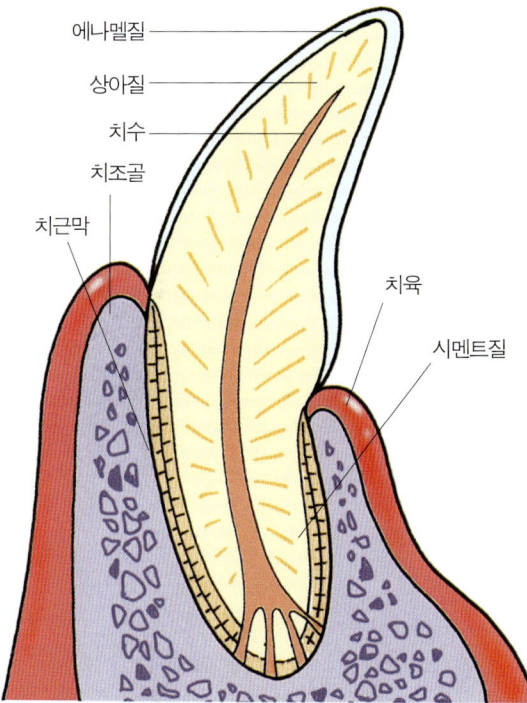

이는 상아질과 치수로 이루어져 있다. 눈에 보이는 부분은 매끈거리는 에나멜질, 눈에 보이지 않는 부분은 시멘트질로 씌워져 있다. 이를 받치고 있는 것을 치근막이라고 하는데, 이것은 물건을 물 때 치조골에 전달되는 충격을 완화하는 쿠션 역할을 하기도 한다.

이 질병에 잘 걸리는 개

모든 견종

치주병의 경과

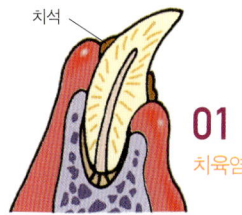

01
치육염의 상태

치구가 에나멜질에 붙어 마침내 치석이 된다. 잇몸에 염증이 생겨 빨갛게 붓는다.

02
진행된 치육염

염증이 진행되어 잇몸의 부기가 심해진다. 잇몸에서 피가 나오는 일도 있다.

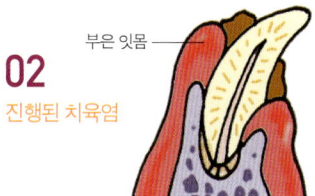

03
치조농루의 상태

치석이 이와 잇몸 사이로 끼어들어가 잇몸이 떨어져 이와 잇몸 사이에 틈을 만든다.

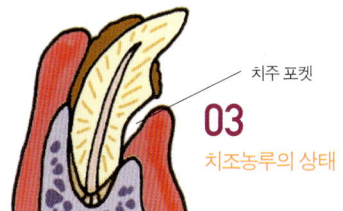

04
치조골이
파괴된 상태

염증이 한층 더 악화되었다. 치근이 노출되고 치조골이 파괴되며 치근막이 줄어든다. 만지면 이가 흔들리다가 결국에는 빠져버린다.

Part 02 알아야 할 질병 지식

코의 병

코의 구조는 복잡하다

개의 냄새 맡는 능력은 사람의 100만 배라고 한다. 이 놀라운 후각의 원천은 코 안에 있는 수많은 후각세포 때문인데, 그 숫자는 사람의 50~600배니 된다.

물론 코는 호흡기로서도 중요한 장기다. 개의 긴 코 안쪽은 많은 동공을 가진 복잡한 구조로 되어 있다. 그것이 코 점막의 표면적을 크게 해 들이마신 공기를 효율적으로 따뜻하고 축축하게 만들기도 한다.

코의 구조와 병을 일으키는 곳

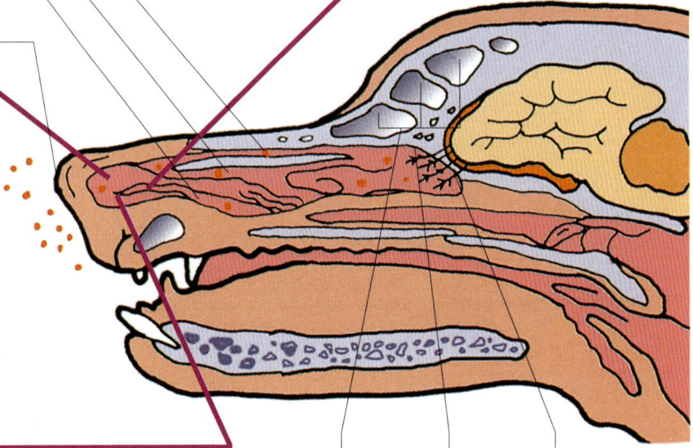

비도 — 배비도 / 중비도 / 복비도

비공(콧구멍)

비염
세균이나 바이러스 감염, 자극, 화학물질, 알레르기 등에 의해 코 점막에 염증이 생긴다. **83p.**

비강협착
코의 선천적인 이상으로 발병한다. 콧속이 매우 좁기 때문에 평소 자주 코를 킁킁거린다. 콧물이 튀는 경우도 있다. **84p.**

비출혈
코에서 피가 나온다. 원인이 다양하기 때문에 다른 증세는 없는지 잘 확인하는 것이 중요하다. **84p.**

전두동   후상피   후각세포

비염

왜 생기는가?

a. 세균, 바이러스 감염, 점막 자극, 알레르기, 종양 등 원인이 다양하다

코 점막에 염증이 일어나는 가장 큰 원인으로는 먼저 세균과 바이러스 감염을 들 수 있다. 예컨대 코감기가 그 하나다. 또한 디스템퍼 바이러스에 감염되거나, 배기가스나 약품의 자극적인 냄새, 연기 등의 흡입으로 코 점막이 자극되어 걸리기도 한다.

특히 곰팡이나 먼지 등에 의한 알레르기가 원인인 경우는 알레르기성 비염이라고 한다. 그 밖에 코 내부의 종양, 코의 골절, 송곳니가 있는 잇몸 부분의 화농 등 다양한 원인이 있다.

어떤 증세가 나타나는가?

a. 콧물이 나온다

초기증세는 물처럼 맑은 콧물과 재채기다. 심하면 콧물이 점액으로 변하고 색깔이 진해진다. 콧물이 쉬지 않고 나오면 코 바깥쪽이 짓물러 개가 자주 코에 신경을 쓴다.

코의 염증과 콧물로 콧속이 막히면 숨쉬기가 힘들어져 입을 벌리고 거친 숨을 몰아쉰다.

어떤 치료와 예방법이 있을까?

a. 염증을 치료하며 원인을 제거한다

감기같이 가벼운 감염증은 항생물질이나 항염증제를 복용하면 낫는다. 알레르기인 경우에는 생활환경에서 오는 원인물질을 제거하는 것이 무엇보다 시급하다. 한편 원인이 다른 병에 있는 경우에는 그 병부터 먼저 치료한다.

비염이 진행되면 부비강염을 일으킨다

콧속 안쪽에 부비강이라고 불리는 복잡하게 들어찬 공동이 있다. 비염이 오래 지속되거나 그대로 방치하면 이 부비강에도 염증이 퍼져 코막힘이 심해지고 호흡곤란 상태가 나타난다.

부비강염이 만성화되면 부비강의 입구가 염증으로 좁아지거나 막히고, 부비강 내부가 곪아서 고름이 쌓인다.

이것이 축농증으로, 부비강염이 되거나 만성화되지 않도록 비염증세가 있으면 조기에 치료받는다.

이 질병에 잘 걸리는 개

모든 견종

비출혈

왜 생기는가?

a. 상처, 종양, 중독, 감염증 등 원인이 다양하다

비출혈이란 곧 코피를 뜻하는데, 원인이 다양하다. 콧속에 원인이 있는 경우는 안면 강타나 골절, 콧구멍 안에 생긴 종양을 들 수 있다.

콧구멍 이외의 원인으로는 혈액의 병, 중독, 감염증을 생각할 수 있다. 이러한 원인 때문에도 코 점막에서 피가 나온다.

어떤 증세가 나타나는가?

a. 코에서 피가 난다

외상인 경우에는 한꺼번에 많은 피가 나오고, 혈액에 병이 있는 경우에는 적은 양의 피가 조금씩 나오는 등 원인에 따라 피가 나는 양상이 다르다. 원인에 따라서는 통증 때문에 자주 신경을 쓰며, 코를 비비거나 만지는 것을 거부한다.

어떤 치료와 예방법이 있을까?

a. 출혈이 계속될 때는 병원에 데리고 간다

가벼운 상처일 때는 안정을 취하면 자연스럽게 낫는다. 피를 많이 흘리거나 조금씩 오래 흘릴 때는 서둘러 동물병원에 데리고 가 원인을 확인한다.

비강협착

왜 생기는가?

a. 선천적인 이상이다

콧구멍이 극단적으로 좁아서 생기는 이상이다. 시추나 페키니즈처럼 얼굴이 짧은 소형견에게 자주 발견된다.

어떤 증세가 나타나는가?

a. 코를 훌쩍이거나 콧물을 흘린다

평소에 코를 킁킁거리거나 항상 콧물을 흘린다. 일상생활에는 그다지 영향이 없지만, 운동을 하거나 흥분으로 인해 호흡이 거칠어지면 제대로 숨을 쉬지 못해 산소부족 현상을 일으킨다. 심할 때는 혀가 보라색으로 변하는 경우도 있다.

비강협착은 첫눈에도 이상이 있음을 알 수 있다. 일반적으로 콧구멍은 앞에서 보면 원에 가까운데, 협착된 코는 좌우로 찌그러진 것처럼 보인다.

어떤 치료와 예방법이 있을까?

a. 수술로 콧구멍을 넓힌다

일상생활에 영향이 있는 경우에는 콧구멍을 넓히는 수술을 한다.

비출혈로 알 수 있는 질병

이 질병에 잘 걸리는 개

모든 견종

- 피가 조금씩 흐른다
  ▶ 종양

- 최근에 머리를 강하게 맞지 않았는가?
  ▶ 머리 부분의 타박, 골절

- 다른 개와 싸우지 않았는가?
  ▶ 외상에 의한 비출혈

- 입 점막 등에서 피가 나지는 않는가?
  ▶ 혈액의 병, 감염증

정상적인 콧구멍과 협착된 콧구멍

정상적인 콧구멍

협착된 콧구멍

이 질병에 잘 걸리는 개

시추, 퍼그, 페키니즈 등 소형견 중에서 단두종(머리가 짧은 견종)

콧구멍이 협착된 코는 콧구멍이 좁다.

Part 02 　　알아야 할 질병 지식

감염증

〉〉 같은 식기를 사용하여 옮는다

감염된 개가 입에 대거나 사용한 식기, 브러시, 잠자리 용품 등을 다른 개가 접촉함으로써 옮는 경우가 있는데, 이를 간접 감염이라고 한다. 이 감염 경로를 통해 디스템퍼(개홍역) 바이러스가 옮는 경우가 있다.

감염증은 바이러스나 세균이 체내에 침투함으로써 발생한다

〉〉 감염된 개의 대변을 통해서 옮는다

감염된 개가 배설한 대변과 소변 그리고 구토물을 다른 개가 냄새 맡을 경우, 코나 입을 통해 병원균이 체내에 들어간다. 파보 바이러스나 코로나 바이러스는 이 감염경로를 통해 옮는 질병이다.

>> 감염된 개와의 신체적인 접촉으로 옮는다

서로 장난치거나 인사하기 위해 코나 입이 직접 닿거나 핥을 때, 또는 감염된 개와 싸워 물리거나 물었을 때 병원균이 옮는다.

바이러스가 원인인 감염증

- 켄넬코프 88p.
- 디스템퍼 88p.
- 파보 바이러스 감염증 90p.
- 코로나 바이러스성 장염 90p.

세균이 원인인 감염증

렙토스피라증

감염된 개가 배설한 소변 속에 있는 렙토스피라균에 감염되는 병. 출혈성 위장염 외에 때로는 갑자기 고열이 나고 점막에서 피가 나는 경우도 있다. 사람에게도 옮기므로 주의해야 한다.

부르셀라증

개 유산균(Brucella Canis)에 의한 감염증으로, 생식기를 통해 침투하는 것이 특징이다. 이 병에 걸리면 암캐는 유산·사산·불임이 되기 쉽고, 수캐는 고환이 붓거나 딱딱하게 수축된다. 역시 사람에게도 옮는다.

파상풍

흙에 서식하는 파상풍균에 감염되면 이 균에서 나오는 독소가 운동신경과 중추신경에 침투한다. 전신의 근육에 경련이 일어나 대부분 5일 이내에 사망하는 무서운 병이다.

디스템퍼

왜 생기는가?

a. 디스템퍼(개홍역) 바이러스에 감염되어 생긴다

감염된 개의 재채기 파편을 들이마시거나, 감염된 개와 직·간접적으로 접촉하여 코와 입을 통해 디스템퍼 바이러스가 체내로 침입한다.

이 바이러스는 온몸에 퍼져 여러 장기로 침입하는데, 때로는 뇌의 장애로 이어질 수 있다.

어떤 증세가 나타나는가?

a. 발열이나 식욕부진이 생기지만, 좀더 진행되면 뇌까지 침투한다

처음에는 발열이나 식욕부진 정도의 경미한 증세가 나타나지만, 저항력이 약한 개는 2차 감염이 일어나 발열이나 식욕부진이 심해져 기운을 잃고 야위어간다. 소화기에 침투하면 구토나 설사를 하고, 호흡기에 침투하면 재채기나 콧물 등의 증세가 자주 나타난다.

좀더 악화되면 뇌까지 침투해 개가 흥분을 매우 잘 하거나, 간질 같은 발작을 일으킨다.

어떤 치료와 예방법이 있을까?

a. 약으로 2차 감염을 예방한다

설파제나 항생물질 같은 약으로 세균에 2차 감염되는 것을 막는다.

켄넬코프

왜 생기는가?

a. 바이러스, 세균, 미생물에 감염되어 생긴다

개 전염성 후두 기관염이라고도 불리며, 기침을 하는 것이 특징이다. 파라인플루엔자 바이러스, 아데노 바이러스, 미생물, 세균에 감염된 개의 기침이나 재채기의 파편을 통해 감염된다.

어떤 증세가 나타나는가?

a. 짧은 마른기침을 한다

짧은 마른기침을 하는 것이 특징이다. 흥분하거나 운동을 한 뒤, 그리고 기온의 변화가 있을 때 기침이 심해진다. 기침을 발작적으로 하는 경우가 있기 때문에 목에 이물질이 걸린 것으로 착각하며 그냥 지나칠 수도 있다.

일반적으로 미열이 나는 정도여서 비교적 건강하지만, 저항력이 약하면 병이 깊어질 수 있다. 고열이나 고름 같은 콧물, 그리고 식욕부진 같은 증세가 나타나기도 한다.

어떤 치료와 예방법이 있을까?

a. 항생물질을 투여한다

세균이 원인인 경우에는 스프레이식 항생제로 치료할 수 있다. 개들이 많이 모여 있는 장소에서 감염되기 쉬우므로 예방접종을 한다.

디스템퍼는 2차 감염이 더 무서운 병이다

바이러스

1차 감염

⬇

발열과 식욕부진 증세가 나타난다

체온이 내려간다

2~14일

2차 감염

발열, 식욕부진, 탈수증세, 콧물, 기침, 구토, 설사, 점액의 변, 간질, 틱증(깜박거리는 증상) 등의 증세가 생긴다

디스템퍼

이 질병에 잘 걸리는 개

생후 1살 미만인 강아지

강아지 때는 두 번, 그 후엔 해마다 한 번씩 예방접종을 한다

세균 감염증의 치료에는 항생물질이 효과적이지만, 바이러스에 대해서는 현재로서는 효과적인 약이 없다. 감염예방을 위해서 백신접종을 받는 것이 무엇보다 중요하다.

제1차 예방접종 시기는 생후 2개월 정도가 적당하다. 그로부터 30일 간격으로 제2차 접종을 한다. 백신 효과가 점진적으로 약해지기 때문에 1년이 지나면 다시 접종을 받고, 그 뒤로는 1년에 한 번씩 지속적으로 접종을 받는다.

대표적인 백신에는 7가지 종류가 있다. 그 중 어떤 것을 맞는 것이 좋을지는 견종이나 생활환경에 따라 달라지지만, 일반적으로 제1차 접종에는 디스템퍼, 아데노 바이러스 1형·2형, 파라인플루엔자, 파보 바이러스 등 5가지 종류가 혼합된 백신을 접종하는 경우가 많다.

켄넬코프

이 질병에 잘 걸리는 개

저항력이 약한 강아지, 나이 많은 개

파보 바이러스 감염증

왜 생기는가?

a. 파보 바이러스에 감염되어 발병한다

감염된 개의 대변과 구토물, 혹은 그것들에 오염된 물질에 접촉함으로써 감염된다.

이 바이러스가 장에 기생하면 매우 심한 장염을 일으킨다. 특히 생후 10~12주의 강아지에게 쉽게 발병한다. 생후 3~9주가 된 강아지의 경우에는 바이러스가 심근에 기생하는 일이 많다.

어떤 증세가 나타나는가?

a. 구토, 설사, 호흡곤란이 생긴다

장염형은 격렬한 구토와 설사가 일어나고, 심하면 대변에 혈액이 섞이고 탈수 증세를 일으킨다. 더 나아가 쇼크 상태에 빠지기도 한다.

심근형은 증세가 갑자기 나타나 비명을 지르거나 토하며, 대부분 30분 이내에 호흡곤란으로 사망한다.

어떤 치료와 예방법이 있을까?

a. 체력회복을 위해 노력한다

다른 개에게 감염시키지 않도록 격리 입원시키고, 수액으로 수분·전해질·영양소 등을 보급하며, 산소 흡입을 통해 체력을 회복할 수 있게 한다.

코로나 바이러스성 장염

왜 생기는가?

a. 개 코로나 바이러스가 체내로 들어가 소장에서 증식한다

감염된 개의 대변이나 구토물 등을 통해 개 코로나 바이러스가 체내에 들어가면 소장에서 증식해 장염을 일으킨다. 파보 바이러스와 함께 감염되는 일이 많은데, 이 경우 쉽게 중병으로 번지기 때문에 사망 위험도가 높아진다.

어떤 증세가 나타나는가?

a. 기운을 잃고 구토와 설사를 한다

기운을 잃으며 식욕부진, 설사, 구토 등의 증세가 나타난다. 설사는 무른 변에서 물과 같은 변으로 악화되어 마침내 피가 섞인 변을 본다.

이런 증세는 일반적으로 급격하게 나타난다. 특히 어린 강아지는 증세가 심하고 설사와 구토로 인해 탈수 증세를 일으키다가 급속히 쇠약해진다.

어떤 치료와 예방법이 있을까?

a. 안정시켜 체력을 회복한다

효과적인 약이 없기 때문에 안정과 보온에 치중하여 체력이 회복되기를 기다린다. 탈수 증세를 일으키는 경우에는 대량의 수액을 한다.

파보 바이러스 감염증에 걸리지 않으려면……
예방이 가능한 3가지 백신 접종

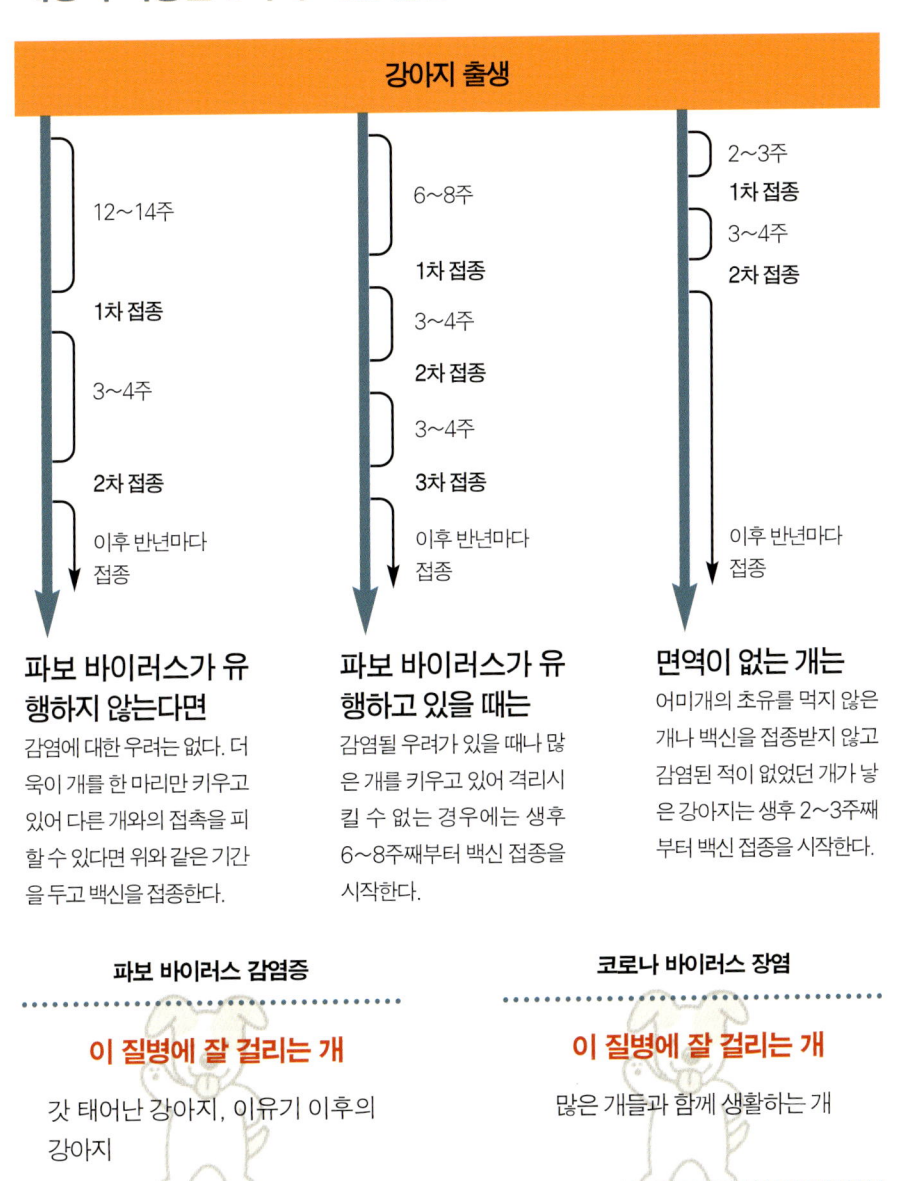

강아지 출생		
12~14주 **1차 접종** 3~4주 **2차 접종** 이후 반년마다 접종	6~8주 **1차 접종** 3~4주 **2차 접종** 3~4주 **3차 접종** 이후 반년마다 접종	2~3주 **1차 접종** 3~4주 **2차 접종** 이후 반년마다 접종
파보 바이러스가 유행하지 않는다면 감염에 대한 우려는 없다. 더욱이 개를 한 마리만 키우고 있어 다른 개와의 접촉을 피할 수 있다면 위와 같은 기간을 두고 백신을 접종한다.	**파보 바이러스가 유행하고 있을 때는** 감염될 우려가 있을 때나 많은 개를 키우고 있어 격리시킬 수 없는 경우에는 생후 6~8주째부터 백신 접종을 시작한다.	**면역이 없는 개는** 어미개의 초유를 먹지 않은 개나 백신을 접종받지 않고 감염된 적이 없었던 개가 낳은 강아지는 생후 2~3주째부터 백신 접종을 시작한다.

파보 바이러스 감염증

이 질병에 잘 걸리는 개
갓 태어난 강아지, 이유기 이후의 강아지

코로나 바이러스 장염

이 질병에 잘 걸리는 개
많은 개들과 함께 생활하는 개

Part 02 　✿　알아야 할 질병 지식

기생충병

기생충**알**을 먹거나
벼룩이나
모기에 의해
간접적으로 감염되는
경우도 있다

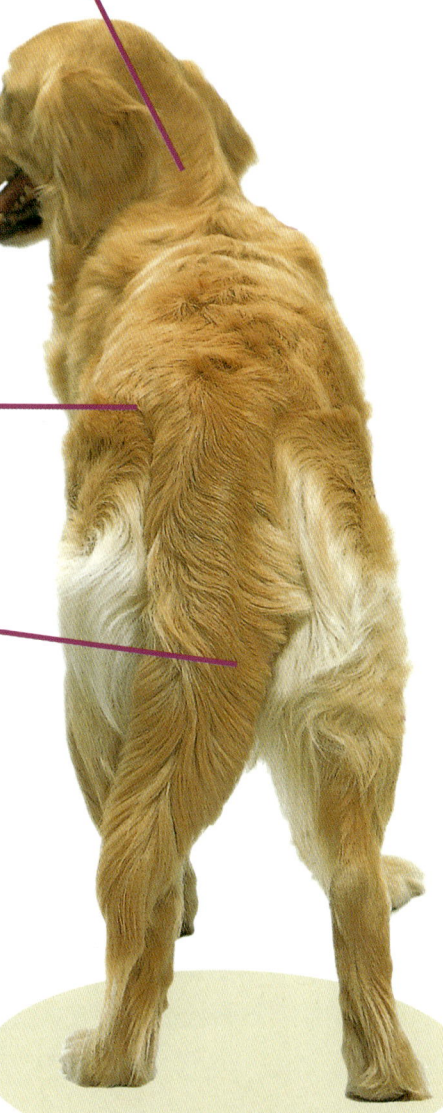

개소회충
몸길이 10cm 이하의 회충으로, 대변과 함께 배설된 알을 입으로 접촉함으로써 감염된다. 알은 장에서 부화하고 성충은 장기 안에서 자란다. **96p.**

개회충
몸길이 18cm 이하의 회충으로 대변을 통해서 감염된다. 태반이나 젖을 통해 기생하는 경우도 있다. 장기 안에서 알이 부화된 뒤 심장이나 폐를 통해 장기 안으로 되돌아가는 유형과, 혈관에 들어가 전신의 조직에 기생하는 유형이 있다. **96p.**

개구충
대변 속의 알이 흙 속에서 부화한다. 유충이 입과 피부를 통해 체내로 침입하는 외에, 태반이나 모유를 통해 강아지에게 감염되는 경우도 있다. 성충은 소장에 자리잡는다. **98p.**

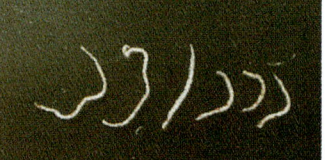

필라리아(개사상충)

감염된 개의 피를 흡입한 모기에 물림으로써 필라리아 유충이 옮긴다. 체내에서 성장한 필라리아는 심장에 자리를 잡기 때문에 감염되면 생명에의 위험을 초래할 수 있다. **94p.**

개촌충

이 기생충의 유충을 먹은 벼룩이 개에 붙어 기생하는데, 가려움증 때문에 개가 자신의 몸을 물었을 때 이 벼룩을 먹음으로써 감염된다. 체내에 들어간 유충은 소장에서 성장한다. **98p.**

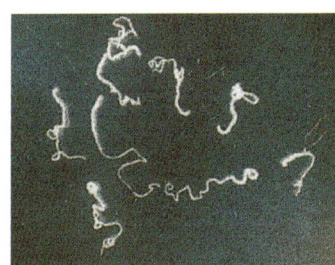

개편충

대변 속에 들어 있는 알에 접촉함으로써 감염된다. 체내에서 부화한 유충은 소화관을 이동하며 성장해 맹장에 기생한다. 기생하는 숫자가 적으면 건강에 영향을 미치지 않는다. **96p.**

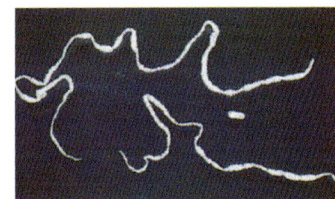

필라리아증

왜 생기는가?

a. 모기에 물려 마이크로 필라리아에 감염된다

필라리아는 개사상충이라고 불리는 몸길이 12~30cm의 가늘고 긴 기생충이다. 감염의 매개체는 토고숲모기다.

필라리아는 개의 몸속에서 교미하여 자신의 체내에서 부화시킨 마이크로 필라리아(유충)를 개의 혈액 속에 낳는다. 마이크로 필라리아는 개의 체내에서는 성장하지 못하고 항상 혈액 속을 돌아다니며 모기에 물려 흡입되기를 기다린다.

모기에 물려 흡입된 마이크로 필라리아는 모기의 체내에서 두 차례의 탈피를 거쳐 성장하며, 숙주인 모기에게 물린 상처를 통해 개의 체내로 침투한다. 성장하면서 개의 체내에서 차츰 활동 범위를 넓히다가 심장의 우심실에 이른 후 마침내 심장과 폐동맥에 기생한다.

어떤 증세가 나타나는가?

a. 기침이나 숨이 차는 증세가 악화되면 호흡곤란이나 황달이 생긴다

전형적인 증세는 기침이다. 심장에 필라리아가 많이 기생하기 때문에 혈액의 흐름이 저하되어 기관지 정맥에 혈액이 쌓인다. 그러면 혈액 중의 수분이 기관지로 스며 나오기 때문에 이를 없애려고 개가 기침을 하는 것이다.

초기에는 운동할 때 기침하는 정도지만 점점 기침이 심해진다. 또한 운동을 하면 숨을 거칠게 내쉬며, 산책 나가는 것도 싫어하게 된다. 그대로 방치하면 신장이나 간장에도 장애가 생겨 생명이 위독할 수 있다.

한편 필라리아가 심장의 우심방과 후대정맥에 몰려 기생하는 경우에는 몸의 상태가 급격히 나빠질 수 있다(급성 필라리아증). 필라리아의 활동이 한층 더 활발해지면 혈액 순환을 방해해 갑작스러운 호흡곤란과 황달 같은 증세가 나타난다. 이 때는 서둘러 조치를 취하지 않으면 생명이 위험하다.

어떤 치료와 예방법이 있을까?

a. 약으로 필라리아를 죽인다

약을 사용해서 필라리아를 죽이는데, 이 때는 죽은 필라리아가 폐동맥에 쌓일 위험이 있기 때문에 절대 안정을 취해야 한다.

급성 필라리아증일 경우에는 곧바로 수술을 해 필라리아를 떼낸다.

필라리아증에 감염되었을 때 가장 중요한 것은 예방약을 사용하여 전염을 막는 것이다. 모기가 나오는 기간에 약을 사용하면 거의 완전하게 감염을 예방할 수 있다.

단, 감염된 후 예방약을 사용하면 쇼크를 일으킬 우려가 있기 때문에 사용 전에 감염 유무를 확인할 필요가 있다.

필라리아가 모기와 개를 이동하는 순환도

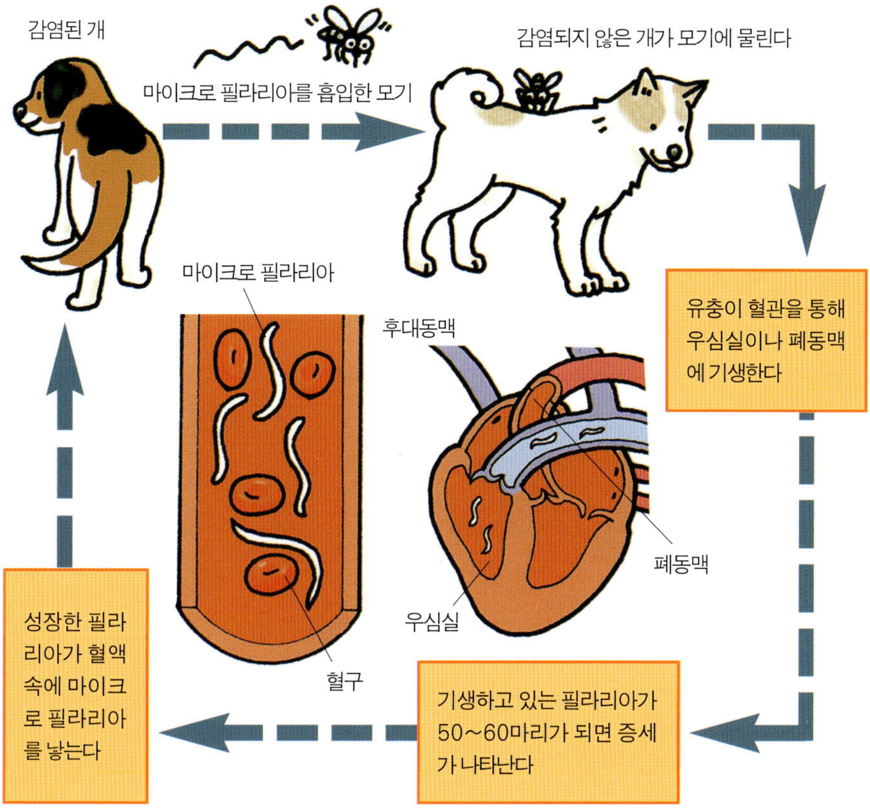

- 감염된 개
- 마이크로 필라리아를 흡입한 모기
- 감염되지 않은 개가 모기에 물린다
- 마이크로 필라리아
- 후대동맥
- 폐동맥
- 우심실
- 혈구
- 유충이 혈관을 통해 우심실이나 폐동맥에 기생한다
- 기생하고 있는 필라리아가 50~60마리가 되면 증세가 나타난다
- 성장한 필라리아가 혈액 속에 마이크로 필라리아를 낳는다

증세
기침이 나오거나 기운이 없어져 조금만 운동해도 호흡이 거칠어진다. 평소에 좋아하던 산책조차 거부한다.

이 질병에 잘 걸리는 개
예방약을 먹지 않은 개

회충증

왜 생기는가?

a. 회충알이 들어 있는 대변을 먹고 감염된다

회충에는 개회충과 개소회충의 두 종류가 있는데, 모두 대변을 통해 감염된다.

산책 중에 감염된 개의 대변을 입으로 접촉하는 과정을 통해 체내로 알이 들어간다.

두 가지 회충 모두 소장에서 알이 부화하지만, 그 뒤 체내로 침투하는 경로는 97p. 그림에서 보는 것처럼 각각 다르다.

어떤 증세가 나타나는가?

a. 식욕부진, 구토, 설사가 생긴다

식욕부진이나 구토, 설사 같은 위장병과 발육부전 증세가 나타난다. 흙 등 이상한 것을 먹거나 많은 회충 때문에 위가 막힐 때도 있다.

개소회충인 경우에는 주의 깊게 살펴보면 식욕부진, 구토, 설사, 털의 윤기가 없어지는 증세가 나타난다.

어떤 치료와 예방법이 있을까?

a. 약으로 없앤다

회충이 없어질 때까지 구충약을 복용하여 반복적으로 구제한다.

편충증

왜 생기는가?

a. 대변을 통해서 체내에 들어온다

편충은 어디서나 볼 수 있는 기생충으로 거의 모든 개에 기생한다.

대변을 통해서 개의 체내에 들어간 편충알은 소장에서 부화하여 장 점막 내에서 성장해, 최종적으로는 맹장에서 기생한다.

어떤 증세가 나타나는가?

a. 설사, 빈혈, 영양불량을 보인다

편충이 체내에 기생하고 있어도 그 숫자가 많지 않아 개가 건강하다면 문제가 거의 없다. 그러나 기생하는 숫자가 많아지면 만성적인 설사를 하게 된다. 배변할 때 시럽 같은 혈액이 섞인 점액의 대변을 배설하고 식욕도 떨어진다.

편충은 개의 혈액을 빨아먹기 때문에 기생하는 편충 숫자가 많으면 개가 마르거나 털의 윤기가 사라진다.

어떤 치료와 예방법이 있을까?

a. 구충제를 먹인다

구충제를 먹이거나 주사로 구제한다.

보통은 한 번 사용하면 없어지지만, 약에 따라서는 수 차례 사용해야 할 때도 있다.

개회충이 이동하는 두 가지 경로

전신형 이동
소장에서 부화한 유충이 장벽에서 림프관이나 혈관으로 들어가 심장까지 가면, 혈액의 흐름을 타고 온몸을 순환하며 모든 장기에 기생한다. 단, 성충으로 성장하지는 않는다.

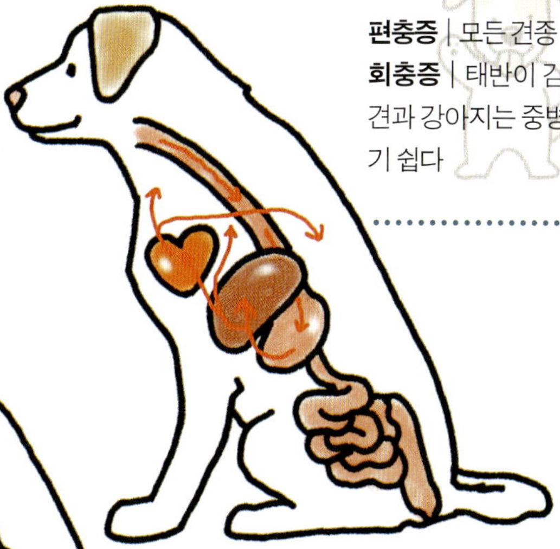

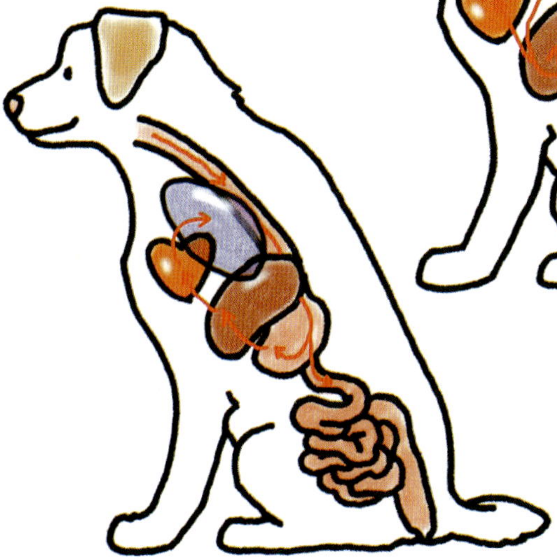

이 질병에 잘 걸리는 개
편충증 | 모든 견종
회충증 | 태반이 감염된 태견과 강아지는 중병에 걸리기 쉽다

기관형 이동
전신형 이동과 마찬가지로 유충은 심장까지 가지만, 그 뒤 폐로 들어가 기관지를 통해 목까지 이동한다. 그리고 위를 통해서 소장으로 되돌아가는데, 이 과정을 통해 성충으로 성장한다.

편충이 이동하는 경로

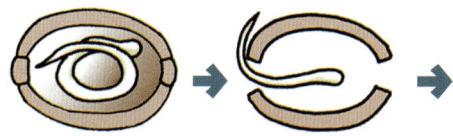  

입에서 위로
감염된 개의 대변에 들어 있는 편충알은 알 속에서 유충이 형성된 상태(유충형 성란)로 개의 위장으로 들어간다.

십이지장
편충알은 십이지장 같은 소장의 상부에 와서 부화한다. 그 유충은 장점막에 잠입해 영양을 섭취하며 성장한다.

소장에서 맹장으로
성장 후에는 맹장으로 이동해서, 가느다란 몸의 앞부분을 점막 내에 삽입해 혈액을 빨아먹으며 산다. 암컷이 여기에 알을 낳는다.

대변과 함께 체외로
암컷이 낳은 알이 장을 내려와 변에 섞여서 배출된다. 이 대변을 다른 개가 입으로 접촉함으로써 다시 감염된다.

Part 02 — 알아야 할 질병 지식

구충증

왜 생기는가?

a. 유충이 입과 피부를 통해 체내로 들어간다

감염된 개의 대변 속에 들어 있던 알이 흙 속에서 부화하여 다른 개가 오기를 기다린다. 대부분은 개가 유충을 먹음으로써 감염되지만, 그 밖에 피부를 통해 개의 체내로 들어가거나, 감염된 개의 태반과 모유를 통해서 감염되는 경우도 있다.

　유충은 날카로운 어금니로 소장벽을 물고 혈액을 빨아먹는다.

어떤 증세가 나타나는가?

a. 설사, 빈혈, 복통에 살이 빠진다

강아지의 경우는 식욕저하, 설사, 빈혈, 복통이 생기며, 살이 빠지기 때문에 등이 굽는 현상이 나타난다. 빈혈이 심하면 사망에 이르기도 한다.

　성장한 개라면 다소 감염이 되었어도 문제가 생기지 않지만, 기생하는 숫자가 많으면 만성적인 빈혈과 반복적인 설사, 그 밖에 털에서 윤기가 사라지는 등의 현상이 나타난다.

어떤 치료와 예방법이 있을까?

a. 구충제를 먹인다

구충제를 먹인다. 허약한 상태가 계속되면 정장제를 먹이며 영양보충을 해준다.

촌충증

왜 생기는가?

a. 유충을 가진 벼룩을 먹음으로써 감염된다

개 촌충은 참외씨앗 같은 모양의 마디가 백 개 이상 나란히 늘어선 형태인데, 편절(片節)이 찢어져 대변과 함께 배출된다. 그리고 마디가 찢어지면서 나온 촌충알을 먹은 벼룩을 개가 먹고 그것을 몸 속에서 부화시킨다. 그 벼룩을 개가 먹음으로써 감염된다.

　감염된 유충은 소장벽에 달라붙어 기생한다

어떤 증세가 나타나는가?

a. 엉덩이를 땅에 비벼댄다

개는 항문 주위에 묻은 작은 촌충들의 자극으로 항문 주위가 편치 않기 때문에 자주 핥거나 엉덩이를 땅에 붙이고 앞뒤로 비벼댄다.

　기생하는 숫자가 많을 때는 설사하거나 식욕이 떨어지고 털의 윤기가 사라진다.

어떤 치료와 예방법이 있을까?

a. 벼룩을 퇴치한다

구충제를 먹이거나 주사로 치료할 수 있다.

　벼룩 구제약이나 벼룩잡이 목줄, 약용 샴푸로 벼룩을 완전히 퇴치한다.

구충증으로 보이는 증세

강아지 (급성 구충증)

- 살이 빠진다
- 배를 감싸듯 등을 구부린다
- 설사·혈변을 배설한다
- 빈혈이 생긴다
- 식욕이 사라진다

성장한 개 (만성 구충증)

- 빈혈이 생긴다
- 반복적으로 설사를 한다
- 털의 윤기가 사라진다

촌충증에 감염되는 구조

01 벼룩이 촌충알을 먹는다

02 가려움증으로 자신의 몸을 물다가 몸에 붙어 있는 벼룩을 먹는다

03 소장에서 성충이 되어 촌충알을 낳는다

04 대변과 함께 촌충의 편절이 배설되며 촌충알이 여기저기 흩어진다

05 벼룩이 촌충알을 먹는다

이 질병에 잘 걸리는 개

구충증 | 강아지나 어린 개는 중병이 되기 쉽다
촌충증 | 모든 견종

Part 02 　❋　 알아야 할 질병 지식

뼈와 관절의 병

허리, 무릎, 고관절에 부담이 크다

개는 원래 사냥하며 뛰어다녔던 동물이라 뼈와 관절이 튼튼하지만, 격한 운동을 하면 허리, 무릎, 고관절에 큰 부담이 생겨 여러 장애를 겪게 된다. 또한 관절 등에서 선천적인 이상을 발견하는 경우도 있다.

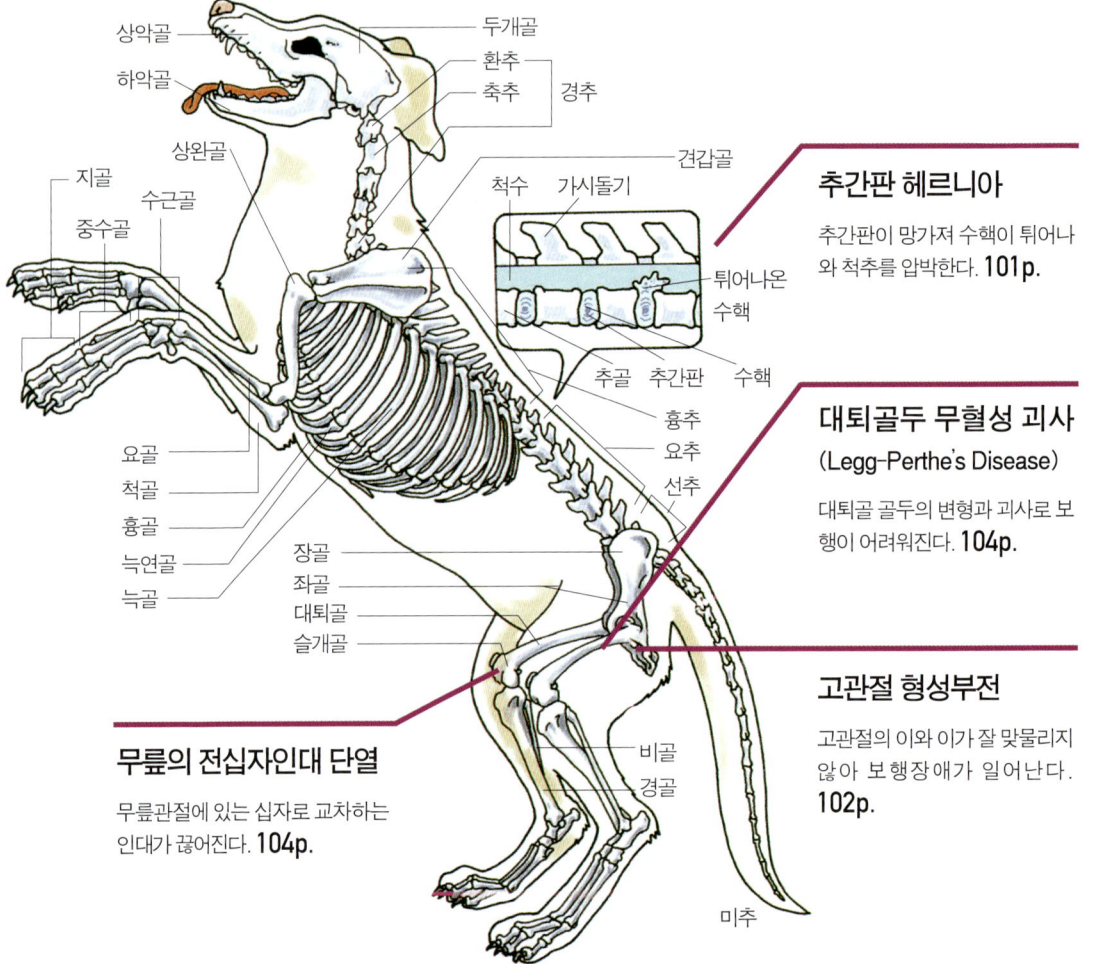

추간판 헤르니아
추간판이 망가져 수핵이 튀어나와 척추를 압박한다. **101p.**

대퇴골두 무혈성 괴사
(Legg-Perthe's Disease)
대퇴골 골두의 변형과 괴사로 보행이 어려워진다. **104p.**

고관절 형성부전
고관절의 이와 이가 잘 맞물리지 않아 보행장애가 일어난다. **102p.**

무릎의 전십자인대 단열
무릎관절에 있는 십자로 교차하는 인대가 끊어진다. **104p.**

추간판 헤르니아

왜 생기는가?

a. 추간판이 손상되어 수핵이 튀어나와 척수를 압박한다

등뼈는 수많은 뼈가 일렬로 연결된 구조를 가진 척추뼈로 구성되어 있고, 척추뼈와 척추뼈 사이에는 추간판이란 조직이 끼어 있다.

추간판은 튼튼한 주머니 속에 수핵이란 부드러운 조직이 들어가 있는 형태로, 외부에서 가해지는 힘을 부드럽게 하거나 등뼈를 원활하게 움직이게 하는 역할을 한다.

이 추간판에 상당히 강한 힘이 가해지거나 노화로 인해 뼈가 변성되면 추간판이 손상되어 수핵이 밖으로 튀어나온다. 이 상태를 헤르니아(hernia)라고 하는데, 이 돌출한 수핵이 척추뼈 뒤에 있는 척수를 압박하면 다양한 신경장애가 발생한다.

어떤 증세가 나타나는가?

a. 마비와 통증이 생기며, 걸음걸이에 이상이 나타난다

전형적인 증세는 마비와 통증이다. 통증이 있는 개는 몸을 만지는 것을 싫어한다.

어떤 부위가 마비되는지는 수핵이 어떤 신경을 압박하는지에 따라 달라진다. 앞발만 마비되거나 뒷발만, 혹은 몸 한쪽에만 마비가 오는 경우도 있다.

헤르니아가 잘 발생하는 부위는 평소에 자주 움직이는 목과 허리다. 허리에 헤르니아가 생기면 휘청거리며 다리를 질질 끄는 등 걸음걸이에 이상이 생기거나, 몸 뒷부분 전체에 마비가 오기도 한다. 또한 소변과 대변을 조절하는 기능을 상실해 그대로 배설하기도 한다.

어떤 치료와 예방법이 있을까?

a. 약으로 증세를 가볍게 한다

척수를 압박하는 정도가 가벼우면 부신피질호르몬제나 항염증제 따위의 약을 먹여 어느 정도 증세를 완화시킬 수 있다.

척수 압박이 심한 경우에는 압박을 받는 수핵을 수술로 제거해야 한다. 또 수핵에 효소제를 주입해 녹이는 방법도 있다.

수술을 한 경우에는 평소처럼 운동할 수 있을 때까지 몇 개월이 걸린다.

이 질병에 잘 걸리는 개

웰시 코기 펨브로크, 코커 스패니얼, 시추, 닥스훈트, 비글, 불독, 페키니즈

고관절 형성부전

왜 생기는가?

a. 골반의 움푹하게 들어간 곳과 대퇴골두가 잘 맞지 않는다

고관절은 골반의 절구 상태로 움푹 들어간 곳에 대퇴골두의 둥근 부분이 꽉 들어맞는 구조로 이루어져 있다. 이 때문에 다리를 자유롭게 움직일 수 있다.

그런데 골반의 움푹 들어간 곳이 얕거나 대퇴골두가 별로 둥글지 않은 경우가 있다. 그러면 관절이 완전히 어긋나거나(탈구), 쉽게 어긋나는 상태(아탈구)가 된다. 이것을 고관절 형성부전이라고 한다.

고관절 형성부전의 원인 중 70%는 선천적인 뼈 발육의 이상, 30%는 환경적인 요인으로 본다. 환경적인 요인으로는 성장시 표준 이상으로 체중이 증가하거나, 뼈의 성장과 함께 근육이 증가하지 않는 것 등을 들 수 있다.

어떤 증세가 나타나는가?

a. 허리를 흔들며, 안짱다리로 불안하게 걷는다

생후 5~10개월까지는 두드러지는 증세가 없지만, 성장하면서 차츰 이상 증세가 나타난다.

초기에는 허리를 흔드는 것처럼 걷거나 안짱다리로 불안정하게 걷는다. 또는 토끼뜀을 뛰듯이 걷는 경우도 있으며, 산책을 비롯해 운동하는 것을 싫어한다. 병세가 진행되면 이런 증세가 두드러지는 것 외에도, 개가 운동 후에 발을 질질 끌거나 보폭이 줄어드는 현상을 보이며 앉아 있으려고만 한다.

통증이 있을 때는 제대로 서지 못하며, 서 있을 때 삐그덕거리는 소리를 내거나 주인이 고관절 만지는 것을 싫어한다.

어떤 치료와 예방법이 있을까?

a. 운동을 제한하고, 체중관리를 하며, 통증과 염증은 약으로 치료한다

증세가 가벼우면 운동을 제한하거나 체중관리로도 가라앉힐 수 있다. 그러나 통증은 진통제와 항염증제로 치료해야 한다.

통증이 심하고 보행장애가 계속되는 경우에는 수술을 해야 한다. 수술 방법은 다양하다. 일반적으로 골반과 대퇴골을 연결하는 근육이 긴장하면 통증이 생기기 때문에 이것을 제거하는 시술과, 대퇴골두를 제거해 관절을 맞추는 시술을 한다.

단, 이런 방법들은 증세를 제거하기 위한 시술이기 때문에 나았다고 해도 재발할 가능성이 있다. 따라서 재발 예방과 악화 방지를 위해서는 치료 후의 처치가 무엇보다 중요하다. 점프나 회전운동 같은 관절에 부담이 가는 운동은 피한다. 또한 관절에 부담을 주는 비만도 예방해야 한다.

정상적인 고관절

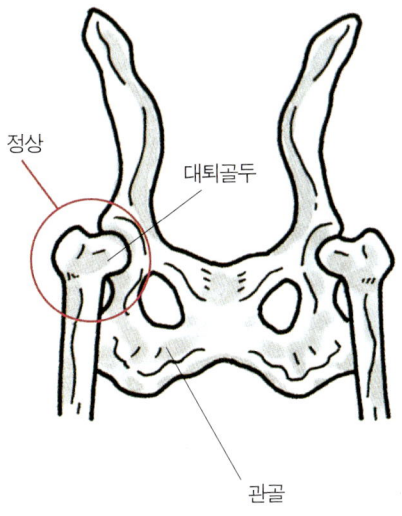

- 정상
- 대퇴골두
- 관골

고관절 형성부전

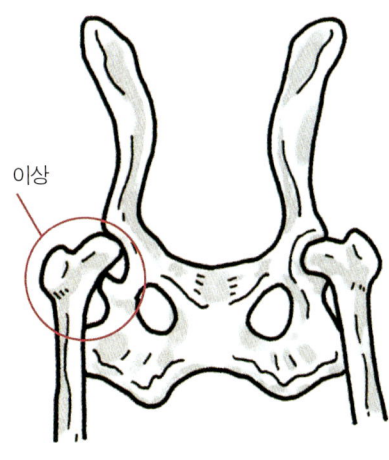

- 이상

고관절 형성부전으로 보이는 걸음걸이

- 잘 일어서지 못한다
- 토끼뜀을 하듯 깡충깡충 걷는다
- 걸을 때 허리를 좌우로 흔든다
- 움직이기 싫어한다
- 안짱다리로 불안정하게 걷는다
- 계단 오르내리는 것을 싫어한다

이 질병에 잘 걸리는 개

웰시 코기 펨브로크, 오스트레일리안 셰퍼드, 그레이트 피레니즈, 골든 리트리버, 셔틀랜드 십독, 시바, 시베리안 허스키, 세인트 버나드, 불독, 래브라도 리트리버

대퇴골두 무혈성 괴사

왜 생기는가?

a. 뼈의 변형과 괴사가 발생한다

대퇴골두의 혈액순환이 잘 되지 않거나 뼈의 변형과 괴사가 발생하는 질병이다. 혈액순환이 잘 되지 않는 이유로는 호르몬설, 영양장애설, 유전설 등 여러 가지가 있지만 명확하지 않다.

어떤 증세가 나타나는가?

a. 다리를 질질 끌며 발을 들어올린 채 걷는다

이 질병은 생후 4~12개월, 체중 10kg 이하의 강아지에게 발병한다. 고관절을 정상적으로 움직일 수 없거나, 어느 날 갑자기 다리를 질질 끌거나 발을 들어올린 상태로 걷는다. 거의 한쪽 다리만으로 일어선다.

그대로 방치하면 다리 근육이 위축되거나 대퇴골두에 변형이 찾아와 평생 보행장애가 계속된다.

어떤 치료와 예방법이 있을까?

a. 수술로 관절을 맞춘다

변형 정도가 가벼운 경우에는 운동을 제한하고 상태를 지켜본다.

악화된 경우에는 괴사한 대퇴골의 앞부분을 제거해 관절을 맞추는 수술을 한다.

무릎의 전십자인대 단열

왜 생기는가?

a. 노화와 비만으로 무릎에 부담이 가 결국 끊어진다

전십자인대란 대퇴골과 정강이뼈를 연결하는 십자로 교차하는 두 개의 인대 중에서 바깥쪽에 있는 것이다. 나이가 들어 무릎관절이 약해지거나 비만 때문에 무릎에 큰 부담이 가면 전십자인대가 끊어지는 일이 있다.

어떤 증세가 나타나는가?

a. 보행장애가 생긴다

인대가 끊어지면 무릎에 체중을 싣지 못해 끊어진 쪽의 뒷다리를 들어올리고 세 개의 발로 깡충깡충 뛰듯이 걷는다.

2~3일이 지나면 관절이 안정을 되찾기 때문에 외견상으로는 좋아진 것처럼 보인다. 그러나 그대로 방치하면 반복적인 보행장애로 관절에 변형이 온다.

어떤 치료와 예방법이 있을까?

a. 관절을 안정시킨다

일반적으로 수술을 한다. 다른 부위의 인대 등을 이식해 전십자인대를 다시 만들거나, 관절 주위에 있는 조직을 강화해 관절을 안정시키는 등 수술방법이 다양하다.

대퇴골두 무혈성 괴사

이 질병에 잘 걸리는 개

웨스트 하이랜드 화이트 테리어, 오스트레일리안 테리어, 요크셔 테리어, 미니어처 슈나우저, 퍼그

◀정상적인 무릎관절

대퇴골과 정강이뼈는 많은 인대로 연결되어 있다. 전십자인대도 그 하나로, 관절이 안정적으로 움직일 수 있도록 받쳐준다.

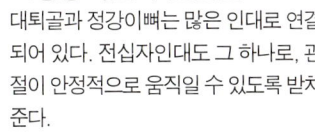

단열된 전십자인대▶

대퇴골과 정강이뼈를 연결하는 전십자인대가 끊어지면 관절이 불안정해지고 경골이 앞으로 튀어나온다.

 **P☀int!**

전십자인대의 단열을 예방하기 위해서는 살이 찌면 관절에 부담을 주므로 비만을 특히 주의한다. 한편 적절한 운동으로 관절과 근육을 단련하면 잘 발생하지 않는다.

무릎의 전십자인대 단열

이 질병에 잘 걸리는 개

나이 많은 개나 살찐 개

Part 02 알아야 할 질병 지식

심장의 병

심장은 깨끗한 혈액을 온몸으로 보내는 **펌프 역할**을 한다

심장은 혈액을 온몸으로 보내는 동시에 되돌아온 혈액을 폐로 내보낸다. 폐에서 산소와 탄산가스를 교환해 깨끗해진 혈액은 다시 온몸으로 보내진다. 심장은 혈액순환이란 중요 임무를 맡고 있으므로 장애가 생기면 온몸에 영향을 미친다.

심부전
심장의 작용이 저하되어 몸이 필요로 하는 혈액을 내보내지 못한다. **108p.**

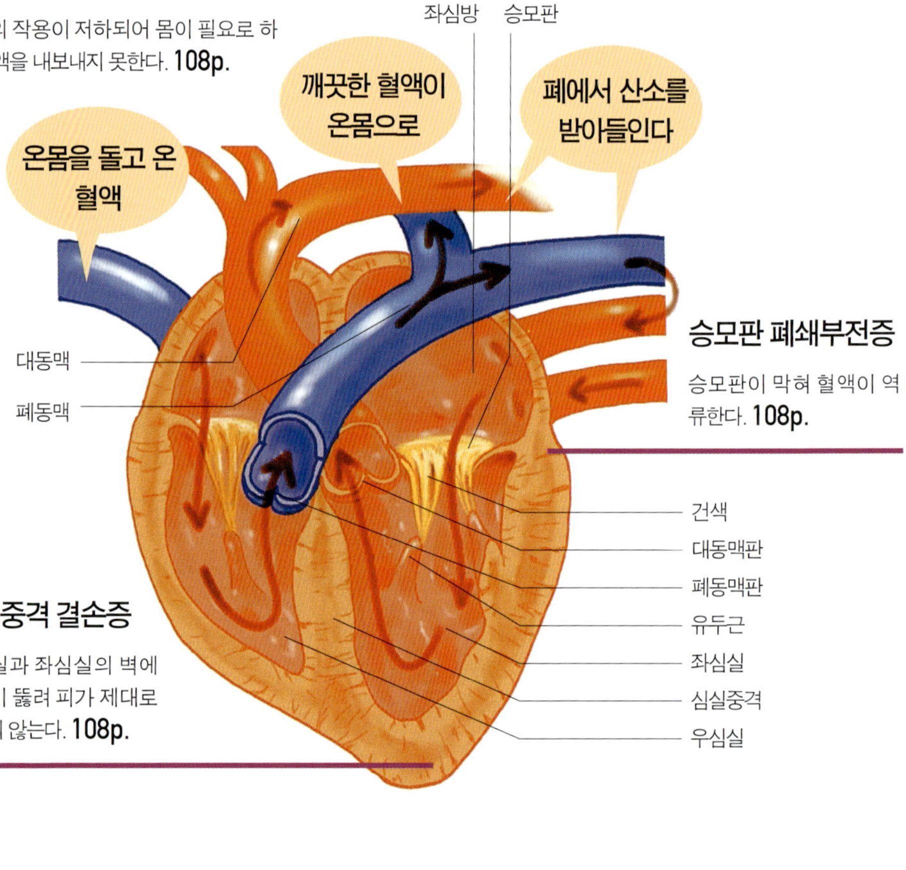

좌심방 승모판

깨끗한 혈액이 온몸으로

폐에서 산소를 받아들인다

온몸을 돌고 온 혈액

승모판 폐쇄부전증
승모판이 막혀 혈액이 역류한다. **108p.**

대동맥
폐동맥

건색
대동맥판
폐동맥판
유두근
좌심실
심실중격
우심실

심실중격 결손증
우심실과 좌심실의 벽에 구멍이 뚫려 피가 제대로 통하지 않는다. **108p.**

승모판 폐쇄부전증

왜 생기는가?

a. 승모판이 닫혀 혈액이 역류한다

승모판은 심장의 좌심실과 우심실 사이에 있는 판으로, 이것이 닫히거나 열려 혈액이 역류하는 것을 방지한다.

이 승모판이 변형되어 점점 두꺼워지거나, 승모판과 심장의 벽을 연결하는 조직이 끊어져 판이 닫히는 증세를 승모판 폐쇄부전증이라고 한다. 승모판이 닫히지 않으면 혈액의 일부가 역류하기 때문에 다양한 증세가 나타난다.

원인은 알려져 있지 않지만, 나이가 들면서 발병할 확률이 높아진다.

어떤 증세가 나타나는가?

a. 헐떡이며 기침을 한다

혈액의 역류가 심해지면 온몸으로 내보내는 혈액의 양이 감소하기 때문에 운동을 조금만 해도 숨을 헐떡거린다.

승모판 폐쇄부전증이 계속되면 폐에 물이 차는 폐수종을 일으킨다. 폐수종에 걸리면 고통스럽게 기침을 한다. 특히 밤부터 아침까지 기침이 심해진다. 증세가 심해지면 가만히 있을 때도 괴로운 듯이 호흡한다.

어떤 치료와 예방법이 있을까?

a. 심장에 주는 부담을 줄인다

약을 먹여 온몸의 상태를 호전시킨다. 강심제로 심장의 움직임을 강화하고, 이뇨제로 체내의 불필요한 수분을 줄여 심장으로 통하는 혈액량을 줄인다. 또한 혈관확장제로 혈관을 넓혀 심장에 주는 부담을 줄이는 방법도 있다.

단, 이런 방법은 근본적인 치료법이 되지 못하므로 운동량을 줄여 심장에 부담이 가지 않도록 매사에 신경을 쓴다.

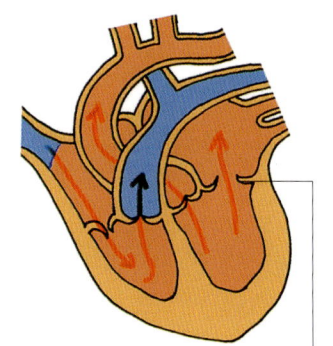

승모판이 닫히지 않는다

이 질병에 잘 걸리는 개

시추, 치와와, 불독, 포메라니안, 말티즈, 요크셔 테리어

심실중격 결손증

왜 생기는가?

a. 심실벽에 구멍이 생겨 혈액이 잘 통하지 않는다

선천적으로 심장의 우심실과 좌심실 사이에 있는 벽에 구멍과 틈이 생기는 질병이다.

좌심실이 혈액을 보내는 힘이 강하기 때문에 좌심실에서 우심실로 혈액의 일부가 흘러, 좌심실에서 폐를 경유해 좌심방과 좌심실로 흐르는 혈액의 흐름에 이상이 생긴다. 그 결과 심장이 비대해진다.

어떤 증세가 나타나는가?

a. 호흡곤란이 있고 제대로 성장하지 못한다

선천적인 병이기 때문에 어려서부터 호흡이 어렵고 피로를 쉽게 느끼는 증세가 나타난다. 그 때문에 제대로 성장하지 못한다. 또한 폐로 불필요한 혈액이 흘러들어 폐수종을 일으키며, 그로 인해 마른기침을 하기도 한다.

어떤 치료와 예방법이 있을까?

a. 심장의 부담을 줄인다

증세가 확실하게 나타날 때는 강심제나 이뇨제 등을 이용해 심장 작용을 강화하거나, 심장의 부담을 줄이는 치료를 한다.

심부전

왜 생기는가?

a. 심장의 기능이 저하된다

심부전은 혈액을 몸 전체에 내보내는 심장 기능이 떨어지는 질병이다. 각종 심장병이 원인이며, 그 밖에 필라리아증, 폐의 질환, 혹은 다른 질병이나 사고에 의한 출혈 등으로 2차적으로 발생하기도 한다.

어떤 증세가 나타나는가?

a. 심하게 기침을 한다

혈액을 몸 전체로 내보내는 좌심실과 좌심방의 기능이 약해지면 폐수종이 쉽게 생기며, 호흡이 힘들어져 기침이 심해진다.

혈액을 폐로 보내는 우심실과 우심방의 기능이 약해지면 배와 다리가 붓고, 배와 폐에 물이 차고, 간장이 붓고, 소변의 양이 줄고, 설사와 변비 증세가 나타난다.

어떤 치료와 예방법이 있을까?

a. 심장 기능을 강화한다

강심제를 이용해 심장 기능을 강화하고, 이뇨제로 부기를 빼며, 혈관확장제로 혈관을 넓혀 정체된 혈액 흐름을 개선한다.

심실중격 결손증

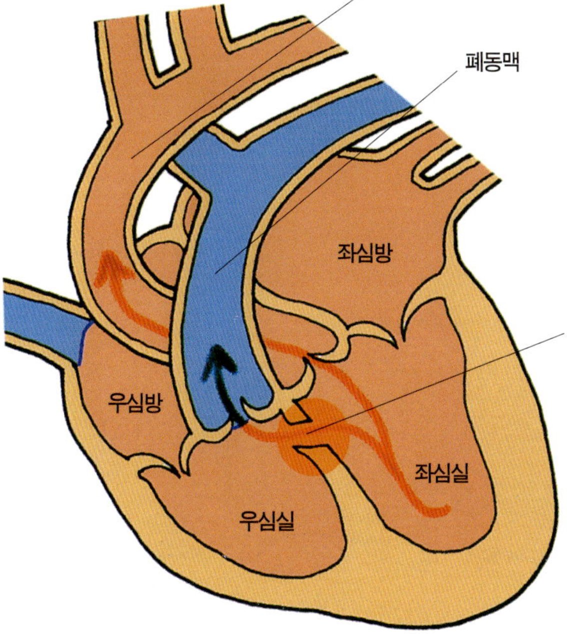

- 대동맥
- 폐동맥
- 좌심방
- 우심방
- 좌심실
- 우심실
- 심실중격의 결손

심실중격 결손증

이 질병에 잘 걸리는 개

시베리안 허스키, 뉴펀들랜드

좌우 심실 사이에 있는 벽에 구멍이 뚫리면 혈액의 일부가 좌심실에서 우심실로 흘러간다.

심부전으로 보이는 증세

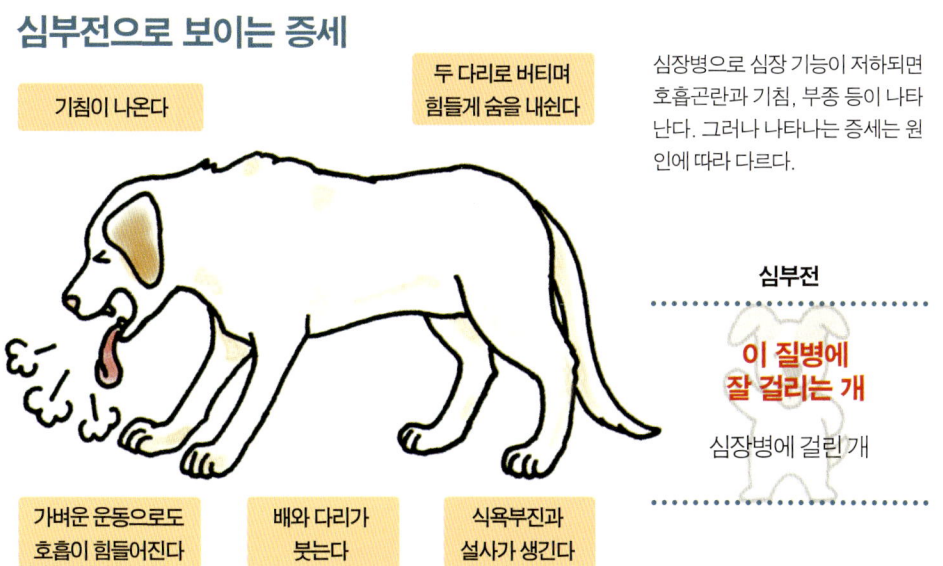

- 기침이 나온다
- 두 다리로 버티며 힘들게 숨을 내쉰다
- 가벼운 운동으로도 호흡이 힘들어진다
- 배와 다리가 붓는다
- 식욕부진과 설사가 생긴다

심장병으로 심장 기능이 저하되면 호흡곤란과 기침, 부종 등이 나타난다. 그러나 나타나는 증세는 원인에 따라 다르다.

심부전

이 질병에 잘 걸리는 개

심장병에 걸린 개

Part 02 알아야 할 질병 지식

호흡기의 병

마신 공기는 기도를 통해 폐로 들어간다

개는 코가 막혀 있을 경우를 제외하고는 기본적으로 코로 숨을 들이마시고 입으로 토해낸다. 코로 들이마신 공기는 기도를 통해 폐로 보내진다. 폐에는 폐포라는 작은 조직이 무수하게 많은데, 여기서 혈액 중에 있는 탄산가스와 공기 중에 있는 산소의 교환(가스교환)이 일어난다.

폐수종
폐에 물이 차서 몸이 붓는다. **112p.**

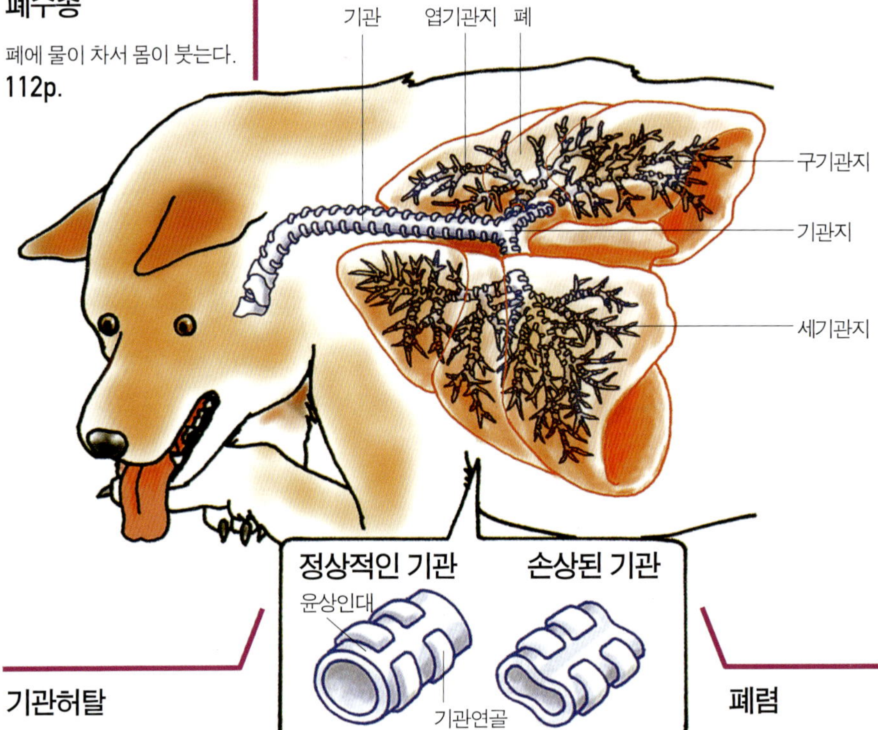

기관 · 엽기관지 · 폐 · 구기관지 · 기관지 · 세기관지

정상적인 기관 / 손상된 기관
윤상인대 · 기관연골

기관허탈
기관이 막혀 심한 기침과 호흡곤란이 일어난다. **111p.**

폐렴
세균, 바이러스의 감염으로 염증이 발생한다. **112p.**

기관허탈

왜 생기는가?

a. 기관 손상이 원인이다

기관은 코나 입 등의 상부에 있는 기도와 폐를 연결하며, 공기가 통하는 길이다.

원통 모양의 기관 바깥쪽에는 U자형 연골이 나란히 늘어서 있어 목을 굽히거나 목에 다소 압박이 가해져도 기관에 손상이 가지 않는다.

그런데 어떤 원인으로 연골이 비뚤어지거나 기관이 막히는 경우가 있다. 이 증세를 기관허탈이라 하는데, 개에게만 일어나는 특유의 질병이다.

원인은 잘 알려져 있지 않지만 유전과 노화, 그리고 비만 등과 관계가 있다고 추측한다.

어떤 증세가 나타나는가?

a. 기침을 하며 호흡곤란 증세가 나타난다

만성적인 기침을 하며 차츰 심한 운동을 기피하는데, 이는 기관이 막혀 공기를 충분히 들이마시지 못하기 때문이다.

특히 운동이나 흥분한 뒤에 기침과 호흡곤란으로 쉽게 발작을 일으킨다. 이 때 "가가, 게게" 하며 개 특유의 기침을 시작하며, 안정감을 잃고 이리저리 움직이며 평정을 되찾기 위해 앉기도 한다.

증세가 진행되면 발작하는 시간이 길어지고 몹시 괴로운 듯한 호흡을 한다. 심한 경우에는 산소부족으로 혀나 잇몸이 보랏빛으로 변하기도 한다. 이와 같은 호흡곤란에 따른 심한 발작은 날씨가 더운 날 자주 발생한다.

어떤 치료와 예방법이 있을까?

a. 약으로 기침과 호흡곤란 증세를 가라앉힌다

증세가 그리 심하지 않으면 기관지확장제, 진정제, 항염증제, 강심제 등의 약으로 기침과 호흡곤란 증세를 가라앉힐 수 있다.

증세가 심한 경우에는 막힌 기관을 플라스틱 링으로 보강수술을 하기도 하는데, 이 때는 일시적으로 좋아졌다가 다시 악화되곤 한다.

발작이 잘 일어나는 여름에는 시원하게 지낼 수 있게 해주는 등 일상생활에서부터 발작을 예방하는 것이 중요하다.

이 질병에 잘 걸리는 개

시추, 치와와, 친, 토이 불독, 퍼그, 불독, 페키니즈, 포메라니안, 말티즈, 미니어처 불독, 요크셔 테리어

폐수종

왜 생기는가?

a. 기관지나 폐포에 물이 생긴다

폐수종은 폐의 기관지나 폐포 등에 물이 차고 붓는 질병이다. 기관지의 공기 통로나 폐포에서 가스교환이 원활하게 일어나지 않기 때문에 호흡이 어려워진다.

기관지염이나 심장질환, 그리고 자극성 있는 가스나 약품의 흡입이 주요원인이다. 그러나 경우에 따라서는 약품 중독으로 일어나는 경우도 있다.

어떤 증세가 나타나는가?

a. 기침, 호흡곤란이 있다

증세가 가벼울 때는 운동하거나 흥분할 때 기침이 나오거나 숨쉬기가 힘들어지는 정도인데, 심하면 호흡이 곤란해지거나 기침을 한다.

호흡곤란 상태가 심해지면 침을 흘리며 입을 벌리고 숨을 내쉰다. 그리고 조금이라도 편해지려고 앞다리로 버티며 서거나 불안정한 걸음으로 돌아다니기도 한다.

어떤 치료와 예방법이 있을까?

a. 폐에 들어찬 물을 제거한다

이뇨제를 써서 폐에 들어찬 물을 제거한다. 호흡곤란이 심할 때는 산소흡입을 하기도 한다.

폐렴

왜 생기는가?

a. 바이러스, 세균, 기생충 등의 감염 증세가 악화되어 생긴다

폐에 심한 염증이 생긴다. 바이러스나 세균, 그리고 기생충 등의 감염 증세가 진행되어 폐까지 염증이 전이되는 질병이다. 또한 자극성 가스나 약품을 마셔도 발생한다.

어떤 증세가 나타나는가?

a. 기침을 하며 토한다

기침을 자주 하며 음식물을 토하기도 한다. 호흡을 힘들게 하며 쉿소리를 낸다. 열이 나기 때문에 운동하는 것을 거부하고 식욕도 떨어진다. 증세가 악화되면 눕지도 못한다.

폐 속에 불필요한 공기가 들어차거나, 그 공기가 피부에 눌려 피하기종(피하에 기체가 들어가 종기같이 되는 상태)이 나타나기도 한다.

어떤 치료와 예방법이 있을까?

a. 염증을 가라앉힌다

항생물질을 사용해 폐의 염증을 가라앉힌다. 약을 가스나 습기로 전환하여 흡입시키는 방법도 있다. 호흡이 곤란할 때는 반드시 산소흡입을 실시한다.

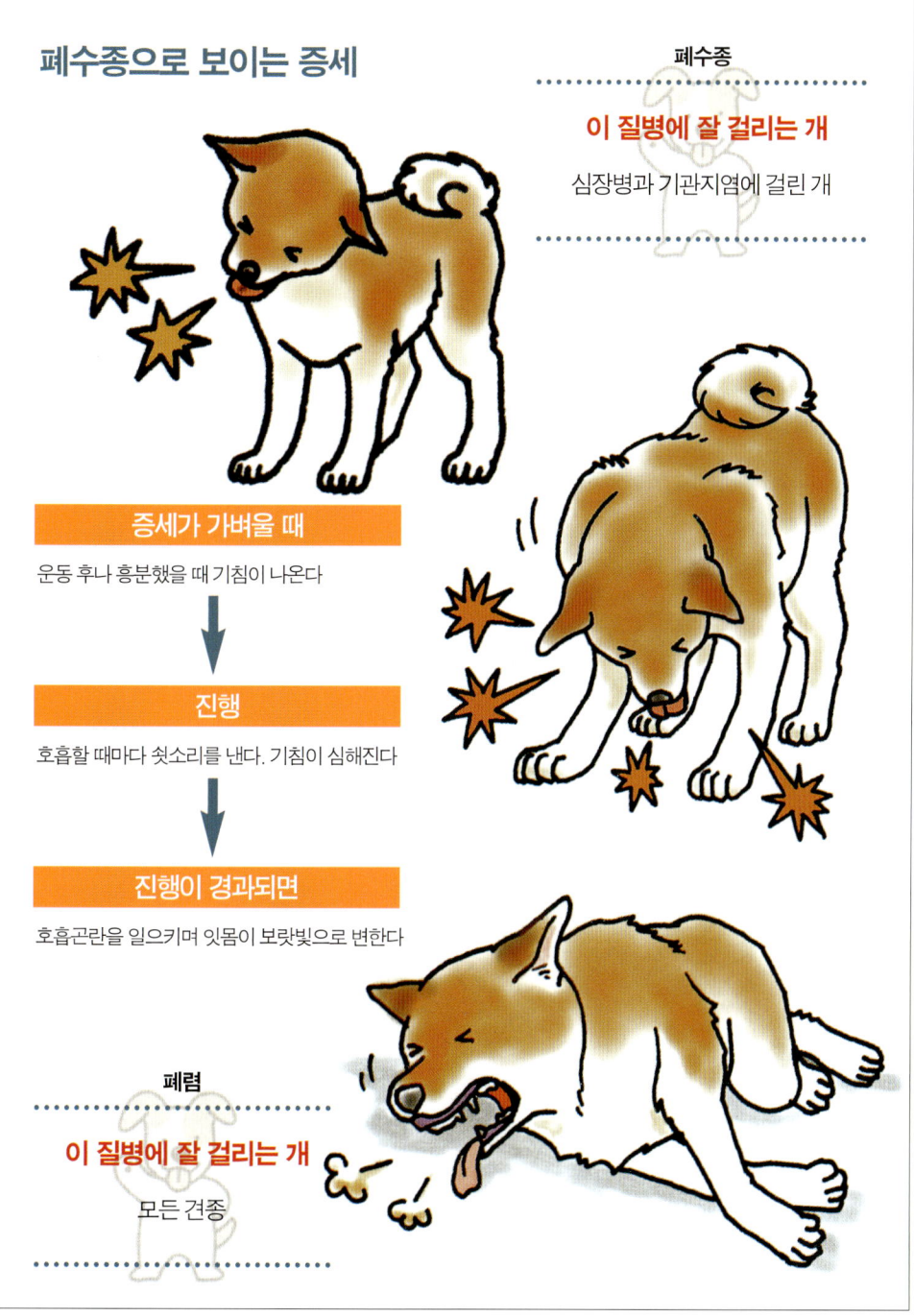

Part 02 알아야 할 질병 지식

소화기의 병

위에서 소화된 음식물이 소장, 대장을 지나 배설된다

소화관은 음식물 통로이다. 목에서 위로 들어간 음식물은 위산 등으로 소화되어 소장으로 보내진다. 소장에서 영양소가 흡수되면 대장으로, 여기서 수분이 흡수되어 마지막에 대변으로 배설된다.

소화기의 구조

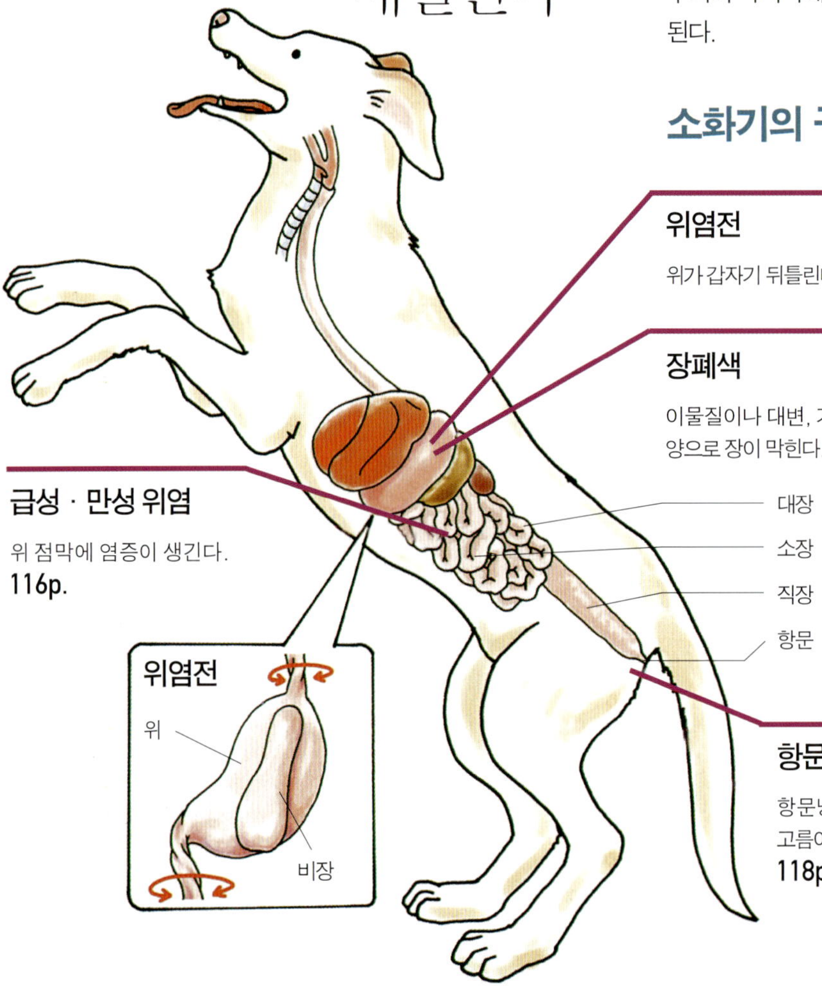

위염전
위가 갑자기 뒤틀린다. **115p.**

장폐색
이물질이나 대변, 기생충, 그리고 종양으로 장이 막힌다. **118p.**

- 대장
- 소장
- 직장
- 항문

급성 · 만성 위염
위 점막에 염증이 생긴다. **116p.**

위염전
- 위
- 비장

항문낭염
항문낭에 염증이 생겨 고름이 덩어리가 된다. **118p.**

위염전

왜 생기는가?

a. 음식물을 먹은 후 심한 운동이 원인이다

위가 비틀리는 급성 질병이다. 원인이 많지만 그중 음식물을 지나치게 많이 먹어 위확장이 일어난 상태에서 운동을 하면 발생한다. 특히 물기가 없는 음식물을 많이 먹고 다량의 물을 마시면 위 속에서 크게 부풀어 쉽게 급성 위확장을 일으킨다. 이 상태에서 운동하면 대부분 시계가 도는 것처럼 위가 꼬인다.

위확장만으로도 주위의 혈관을 압박해 혈류가 나빠진다. 여기에 위염전까지 생기면 심장과 폐의 활동에도 영향을 미쳐 곧바로 치료하지 않으면 생명이 위험해질 수 있다.

어떤 증세가 나타나는가?

a. 배가 부풀어 오르고 침을 흘린다

배 주위가 빠른 속도로 부풀어 오르면 횡격막에 압박을 주기 때문에 숨쉬는 것이 힘들다. 복통 때문에 개가 강한 불안감을 느끼며 배 만지는 것을 거부한다.

그리고 토하려는 자세를 취하곤 하는데, 아무것도 토해내지 못하고 침만 많이 흘린다.

이런 증세는 위확장만으로도 일어나는데, 여기에 위염전까지 나타나면 증세가 더욱 심해져 개가 움직이거나 눕는 것을 거부한다.

증세가 급격하게 나타나는 것이 특징인데, 일반적으로 식후 3시간 이내에 발병한다.

위염전은 특히 음식물을 많이 먹는 강아지나 대형견, 가슴이 두터운 개에게 많이 발생하기 때문에 이런 개는 특히 주의한다.

어떤 치료와 예방법이 있을까?

a. 위의 내용물을 토해내게 한다

위확장인 경우에는 위에 카테테르(가는 관)를 넣고 위의 내용물을 토해내게 한다.

그러나 위염전으로 위의 입구가 꼬이면 카테테르가 들어가지 않기 때문에 개복수술을 해서 내용물을 제거한다.

위확장과 위염전을 방지하기 위해서는 음식물 주는 방법을 조심해야 한다.

위염전을 잘 일으키는 개는 한번에 많은 양의 음식물을 주지 않고, 식후에는 곧바로 심한 운동을 시키지 않는다.

이 질병에 잘 걸리는 개

아키타, 그레이트 데인, 코커 스패니얼, 스탠더드 불독, 닥스훈트, 바셋 하운드, 복서, 와이마라너

급성 · 만성 위염

왜 생기는가?

a. 위 점막에 염증이 생긴다

위 점막에 염증이 생기는 병이 위염이며, 이는 급격하게 진행되는 급성 위염과 장기간 염증이 지속되는 만성 위염으로 나눌 수 있다.

개의 경우 대부분 급성 위염이다.

부패한 음식물이나 물을 많이 먹고 마시면 발생한다. 그 밖에 과식, 플라스틱이나 나뭇조각 따위의 이물질을 먹거나, 농약 등의 화학물질을 핥으면 발병한다. 이외에도 감염증, 음식물 알레르기 등이 원인이기도 하다.

만성 위염의 원인은 잘 알려져 있지 않지만 급성 위염과 같은 원인으로 일어나는데, 위에 대한 만성적인 부담으로 발생하는 경우도 있다.

요독증도 만성 위염과 관련이 있는 질병이다.

위 운동이 저하되거나 위의 출구가 어떤 원인으로 좁아지는 경우에도 위염이 생긴다.

어떤 증세가 나타나는가?

a. 구토를 반복한다

급성 위염은 대부분 구토로 시작한다. 반복적으로 구토하며 때로는 혈액이 뒤섞인 점액물질을 토하기도 한다. 구토가 지속되면 탈수현상을 일으키고, 눈이 움푹 들어가며, 피부가 축 처지기도 한다. 특히 부패한 음식물을 먹은 경우에는 구토와 함께 복통과 설사를 일으킨다.

위가 아프기 때문에 개는 배를 잡아당기거나 위 주위를 만지는 것을 싫어한다.

만성 위염은 그다지 눈에 띄는 증세가 나타나지 않는다. 식욕이 없고, 기운이 없어 보이고, 이따금 구토를 하는 등 증세가 뚜렷하지 않아 그냥 지나치고 마는 경우도 있다. 트림이나 구토를 반복적으로 할 때는 만성 위염일 가능성이 높기 때문에 주의한다.

어떤 치료와 예방법이 있을까?

a. 먼저 단식을 시킨다

이물질이 원인이면 약을 투약해 토해내게 하거나 설사약을 먹여 배설을 유도한다. 감염증이 원인이면 그 치료를 하는 등 원인에 따라 치료 방법이 달라진다.

어떤 상태이든지 먼저 절식을 시키는 것이 필요하다.

가벼운 증세는 절식만 시켜도 이틀 정도 지나면 평소대로 음식물을 먹을 수 있다.

이 질병에 잘 걸리는 개
모든 견종

위염을 예방하는 6가지 포인트

오래된 음식물은 주지 않는다

장난감이나 나뭇조각 따위를 먹지 못하게 한다

먹다 남은 음식물은 빨리 치운다

약이나 살충제는 닿지 않는 곳에 보관한다

닭뼈는 주지 않는다

통조림 음식은 밀폐용기에 담아 보관한다

장폐색

왜 생기는가?

a. 장이 막힌다

나뭇조각이나 플라스틱 등의 이물질을 잘못 먹으면 장이 막힌다. 또한 장이나 장 주위에 생긴 종양이 장을 압박하거나, 장을 수술한 후 다른 장기와 유착되었을 때도 장폐색이 발생한다.

어떤 증세가 나타나는가?

a. 구토나 배가 부어오르고, 복통을 일으킨다

전형적인 증세는 구토, 복통, 대변과 가스가 나오지 않는 것 등 세 가지다. 대변을 배설하지 못하면 위나 장 속에 가스가 생기고 배가 부어오른다. 또한 막힌 부분에 출혈이 있거나 구멍이 생기면 심한 복통을 일으키는데, 이 때 개는 배를 감싸안고 등을 구부리는 자세를 취한다.

어떤 치료와 예방법이 있을까?

a. 이물질을 제거한다

수술을 해서 막힌 것을 제거하거나 유착된 원인을 제거한다.
　이물질을 먹지 않도록 개가 있는 곳에 위험한 것을 두지 않는 등 평소에 주의한다.

항문낭염

왜 생기는가?

a. 항문낭에 염증이 생긴다

항문낭의 분비물은 배변할 때 나오는데, 출구가 막혀 많이 쌓이면 항문낭에 세균이 감염되어 쉽게 염증을 일으킨다.
　염증이 생기면 항문낭에 고름이 차고 부어오른다.

어떤 증세가 나타나는가?

a. 항문을 땅에 문지르듯이 하며 걷는다

염증과 분비물이 쌓이면 불쾌감이 생기기 때문에 개가 자주 항문을 핥는다. 또한 뒷발을 앞으로 내밀고 항문을 땅에 대고 문지르는 듯이 걷는 특이한 동작을 보인다. 이런 행동으로 항문낭이 부었음을 쉽게 알 수 있다.

어떤 치료와 예방법이 있을까?

a. 항문낭을 짜서 분비물을 빼낸다

항문낭에 쌓인 분비물이나 고름을 밖에서 압박하여 눌러 짜낸다. 이것을 1주일에 1번씩 3주일간 하면 거의 낫는다.
　항문낭의 분비물이 잘 나오지 않는 개는 주인이 정기적으로 짜주면 병을 예방할 수 있다.

항문낭염

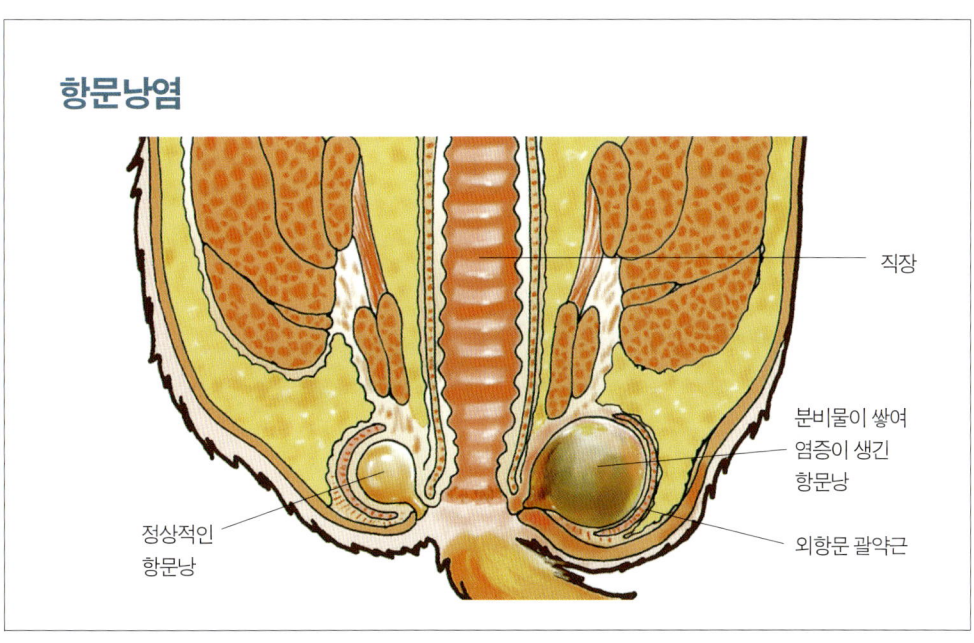

- 직장
- 분비물이 쌓여 염증이 생긴 항문낭
- 외항문 괄약근
- 정상적인 항문낭

항문낭을 짜는 법

01 볼록한 부분에 손가락을 갖다댄다
꼬리를 잡고 들어올려 항문 중심부에 휴지를 대거나, 일회용 비닐장갑을 끼고 좌우 볼록한 곳에 엄지손가락과 검지손가락을 댄다.

02 짠다
엄지손가락과 검지손가락을 항문 방향으로 들어올리듯이 하여 분비물을 짜낸다.

이 질병에 잘 걸리는 개

장폐색 | 모든 견종
항문낭염 | 모든 견종

Part 02　✻　알아야 할 질병 지식

간장의 병

간장은 음식물에서 얻은 영양소를 분해해 몸에 필요한 물질을 합성하거나, 몸에 해가 되는 것을 분해한다. 생명유지에 중요한 장기로, 장애가 생겨도 증세가 그다지 드러나지 않으므로 주의한다.

간장은 화학공장. 중요한 일을 많이 한다

간장의 주요 기능

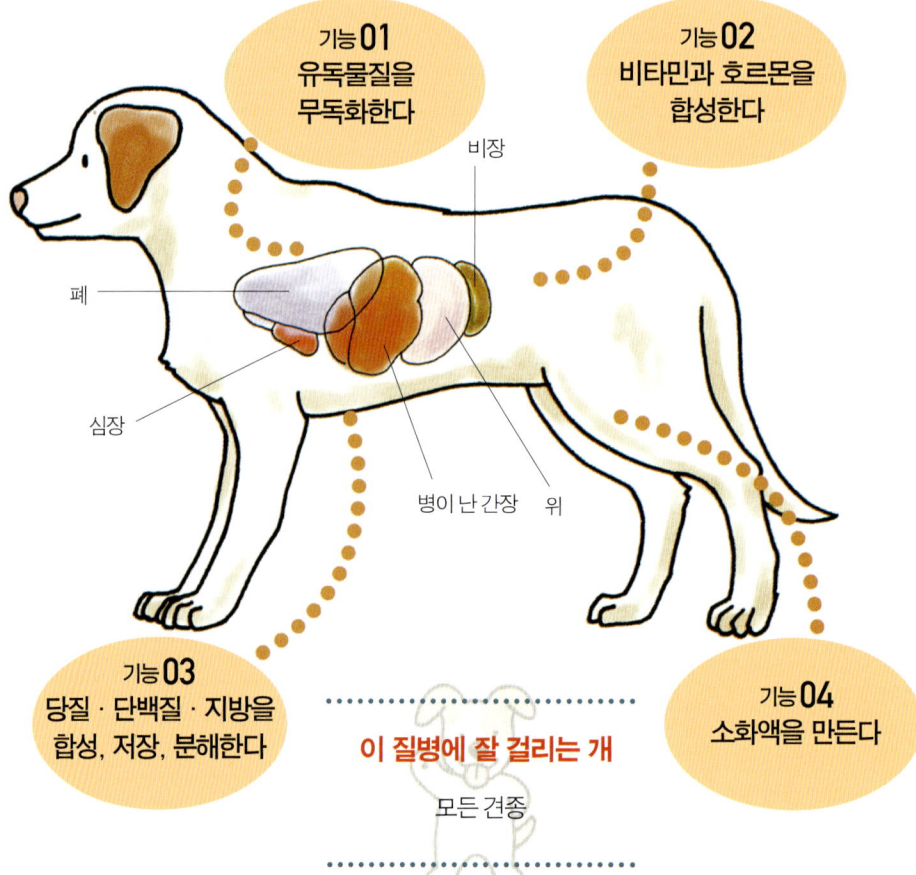

기능 01 유독물질을 무독화한다

기능 02 비타민과 호르몬을 합성한다

기능 03 당질·단백질·지방을 합성, 저장, 분해한다

기능 04 소화액을 만든다

폐 / 심장 / 비장 / 병이 난 간장 / 위

이 질병에 잘 걸리는 개
모든 견종

급성 간염

왜 생기는가?

a. 화학물질을 비롯해 바이러스, 세균, 기생충이 원인이다

간장세포가 급격하게 상처를 입거나 파괴되어 일어나는 병이다. 원인의 대부분은 구리와 비소, 수은 등의 화학물질, 진통제, 마취제, 호르몬제 등의 약물과 관계 있다. 그 밖에 바이러스나 세균, 그리고 기생충이 원인이기도 하다.

어떤 증세가 나타나는가?

a. 설사나 구토가 일어난다

반복적인 설사나 구토로 식욕이 떨어지거나 기운을 잃는다. 심할 때는 의식이 희미해지기도 하고, 중증일 경우에는 황달이 나타나기도 한다. 눈의 흰자위가 노란색으로 변하면 주의해야 한다.

간염이 진행되면 근육이 떨리거나 경련을 일으키는 등 신경 증세가 나타난다.

어떤 치료와 예방법이 있을까?

a. 영양을 보급하고 안정을 취한다

비타민이나 당질, 단백질 등을 먹여 간장에 영양을 보급하며, 안정을 시켜 간장 기능을 회복한다. 그리고 식이요법을 병행한다.

만성 간염

왜 생기는가?

a. 간장세포가 파괴된다

만성적으로 간장세포에 상처가 나거나 파괴되는 병이다.

급성 간염을 치료하지 않은 채 방치하여 만성 간염이 되는 경우와, 급성 간염과 동일한 원인으로 만성적인 염증이 일어나는 경우가 있다.

어떤 증세가 나타나는가?

a. 식욕이 없고 기운이 떨어진다

급성 간염처럼 눈에 띄는 증세는 없다. 기운이 떨어지고, 식욕이 저하되며, 반복적으로 설사와 구토를 한다.

뚜렷하게 알 수 있는 증세가 없는 경우에도 병이 천천히 진행되어, 말기가 되면 배에 물이 차거나 여위어간다. 그 결과 사망에 이르는 경우도 있다.

어떤 치료와 예방법이 있을까?

a. 안정을 취하고 식이요법으로 병의 진행을 막는다

방치하면 간경변으로 진행한다. 간장에 영양을 보급하고, 안정을 취해 병이 진행하는 것을 막는다. 정기검진을 받고, 가정에서는 식이요법도 잊지 않는다.

Part 02 | 알아야 할 질병 지식

개 전염성 간염

왜 생기는가?

a. 바이러스 감염으로 생긴다
개 아데노 바이러스의 감염으로 일어나는 간염이다. 이 바이러스를 보유한 개의 침이나 바이러스에 감염된 식기 등에 접촉함으로써 감염된다.

어떤 증세가 나타나는가?

a. 콧물과 고열이 난다
강아지 때는 갑자기 고열이나 복통 등의 격렬한 증세가 나타나 12시간이나 하루 만에 사망하는 경우도 있다.
　대부분 콧물이나 눈물을 흘리는 증세로 시작하여 고열이 나며, 식욕부진, 설사, 구토, 편도선 부종 등이 생긴다. 증세가 일주일 가까이 지속되지만, 그 이후로는 빠른 속도로 치유된다.

어떤 치료와 예방법이 있을까?

a. 영양 보급과 안정을 취한다
특효약이 없기 때문에 비타민, 당분 등의 영양을 보급하고 안정을 취해 간장 기능을 회복시킨다. 빈혈이 있는 경우에는 수혈하기도 한다.
　백신이 있으므로 예방접종을 한다.

간경변

왜 생기는가?

a. 만성 간염이 원인이다
간장이 딱딱하게 변해 기능이 극단적으로 떨어진 상태이다.
　원인의 대부분은 만성 간염이다. 간염으로 간장세포가 상하거나 파괴되면 간장에 섬유조직이 증식해 변질된다.

어떤 증세가 나타나는가?

a. 조금씩 여위어간다
초기에는 어딘가 기운이 없어 보이다가 조금씩 살이 빠지는 정도이다.
　그러나 심해지면 식욕이 떨어지고, 배에 물이 차 부어오르거나 황달 증세가 나타난다.

어떤 치료와 예방법이 있을까?

a. 진행을 막기 위한 치료를 한다
간경변은 치료가 불가능하기 때문에 증세를 경감시키거나 진행을 막기 위한 치료를 한다. 당분이나 비타민같이 영양가가 풍부한 음식물을 주고 안정을 취한다.
　간경변은 치료되는 병이 아니므로 만성 간염을 조기에 발견하여 간경변으로 발전하지 않도록 예방하는 것이 중요하다.

Part 02 | 알아야 할 질병 지식

비뇨기의 병

소변이 *신장*에서 만들어져 *방광*으로 모인다

신장은 혈액을 여과하고, 불필요한 물질과 수분을 제거해 깨끗하게 만든다. 혈액을 여과한 것이 바로 소변이다. 신장에서 만들어진 소변은 요관을 통해 방광으로 보내지며, 요도를 통해 체외로 배설된다.

수캐의 비뇨기 구조와 발병 부위

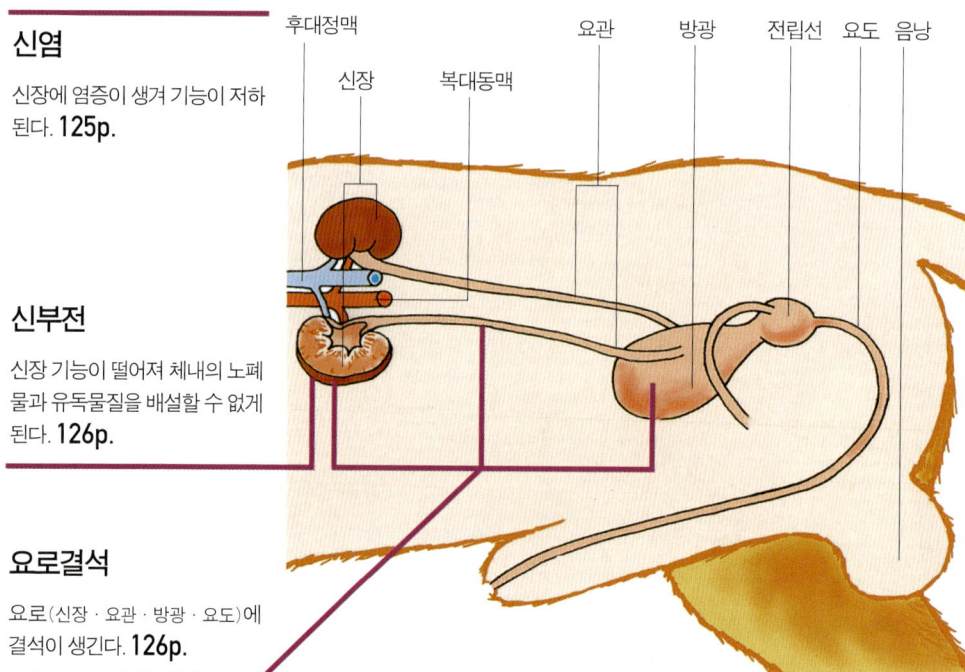

신염
신장에 염증이 생겨 기능이 저하된다. **125p.**

신부전
신장 기능이 떨어져 체내의 노폐물과 유독물질을 배설할 수 없게 된다. **126p.**

요로결석
요로(신장·요관·방광·요도)에 결석이 생긴다. **126p.**

후대정맥 · 신장 · 복대동맥 · 요관 · 방광 · 전립선 · 요도 · 음낭

신염

왜 생기는가?

a. 바이러스나 세균 감염에 의해 생긴다

신장에는 혈액을 여과하는 작은 조직인 네프론이 좌우 합해 약 40만 개 정도가 있다. 신장에 염증이 생겨 네프론의 약 4분의 1 이상이 파괴되어 제대로 기능하지 못하는 것이 곧 신염이다.

신염에는 급속히 증세가 나타나는 급성 신염과 천천히 진행하는 만성 신염이 있다. 급성 신염은 바이러스나 세균 감염으로 생긴다. 자궁축농증이나 사상충증 같은 다른 병이 원인인 경우도 있다. 한편 만성 신염은 급성 신염에서 그대로 이행하거나 급성 신염을 몇 차례 반복하는 사이에 만성화되는 일이 많다. 그러나 아예 처음부터 만성적으로 진행하는 경우도 있다.

어떤 증세가 나타나는가?

a. 소변의 양과 색이 변한다

급성 신염의 경우에는 비교적 초기부터 소변량이 줄어 색이 진하거나 혈뇨가 나오는 등 오줌에 이상 증세가 나타난다. 또한 자주 붓는다. 그 외에도 통증 때문에 개가 만지는 것을 싫어한다.

어느 정도 진행되면 오줌의 양이 놀라울 정도로 많아진다. 이 소변량의 변화가 신염을 경고하는 위험신호이다.

만성 신염의 경우에는 눈에 띄는 증세가 없다. 다른 병 때문에 소변 검사를 받다가 우연히 발견하는 경우까지 있다. 소변의 단백질 농도가 높아지면 만성 신염을 의심해야 한다.

증세가 나타나지 않아도 진행되는 경우가 있으므로 신장 기능이 극단적으로 저하되는 신부전이 되기 전에 발견하는 것이 무엇보다 중요하다.

어떤 치료와 예방법이 있을까?

a. 수분이나 영양을 점적(点滴) 주사해 유해물질을 배출하고, 식이요법을 병행한다

신염은 근본적인 치료약이 없기 때문에 가능하면 네프론의 파괴를 막고 신부전으로 진행하는 것을 막는 치료를 한다. 체액과 가까운 성분이나 영양을 점적(點滴) 주사해 체내의 수분을 조정하거나, 혈액 중의 유해물질을 소변으로 배출시킨다.

만성 신염의 경우 호르몬제나 칼슘제를 사용하는 경우도 있다. 식이요법도 중요하므로 단백질 이외의 영양소를 균형 있게 먹인다. 급성 신염은 세균이나 바이러스가 원인인 경우가 많으므로 반드시 백신을 접종한다.

이 질병에 잘 걸리는 개

모든 견종

요로결석

왜 생기는가?

a. 미네랄이 결정화하여 결석이 만들어진다

신장이나 방광에서 칼슘, 마그네슘, 인, 요산 등의 미네랄이 결정화하여 결석이 생기는 병이다. 결석의 크기는 모래 모양처럼 작은 것부터 다양하다. 결석이 생기는 원인은 아직 잘 알려져 있지 않다.

어떤 증세가 나타나는가?

a. 소변이 잘 나오지 않는다

소변이 잘 나오지 않아 배뇨 횟수만 증가하거나, 배뇨 자세를 취해도 소변이 나오지 않는다. 방광에 많은 양의 오줌이 모여 외관으로도 부어 있는 것을 쉽게 발견할 수 있다. 심한 통증 때문에 등을 구부리며 웅크리는 경우도 있다.

어떤 치료와 예방법이 있을까?

a. 결석을 제거한다

결석의 종류에 따라 제거하는 방법이 다르다. 증세가 없는 경우에는 많은 양의 물을 먹여 소변량을 증가시켜서 소변과 함께 결석을 배출시킨다.

반면, 증세가 있는 경우에는 원칙적으로 수술을 해 결석을 제거한다.

신부전

왜 생기는가?

a. 신염, 요로결석으로 신장 기능이 저하된다

신장의 기능이 극단적으로 저하된 상태를 의미한다.

급성인 경우에는 신장병 이외에 요로결석에 의해 발생하기도 한다. 만성 신부전은 각종 신염이 진행됨으로써 신장 기능이 조금씩 저하되어 발병한다.

어떤 증세가 나타나는가?

a. 구토, 설사, 탈수 증세를 보인다

급성 신부전일 때는 식욕을 완전히 잃어버리고, 구토나 설사를 반복하며, 탈수 증세를 일으키는 일도 있다. 만성일 때는 식욕부진, 원기부족, 체중 저하, 다음다뇨(多飮多尿 : 많이 마시고 많은 소변을 배설함), 구토, 설사 등의 증세가 나타난다.

어떤 치료와 예방법이 있을까?

a. 체내의 노폐물을 제거한다

급성 신부전은 몸 상태에 따라 치료법이 달라지는데, 먼저 수액이나 약으로 소변량을 증가시켜 체내의 노폐물을 제거한다. 만성 신부전일 때는 수액과 단백질, 그리고 염분이 제한된 음식물을 중심으로 식이요법을 병행한다.

요로의 구조

신장, 요관, 방광, 요도를 통틀어 요로라고 한다. 곧 소변이 나오는 통로를 의미한다. 개의 결석은 90% 정도가 방광과 요도에서 발생한다.

요로결석

이 질병에 잘 걸리는 개

모든 견종

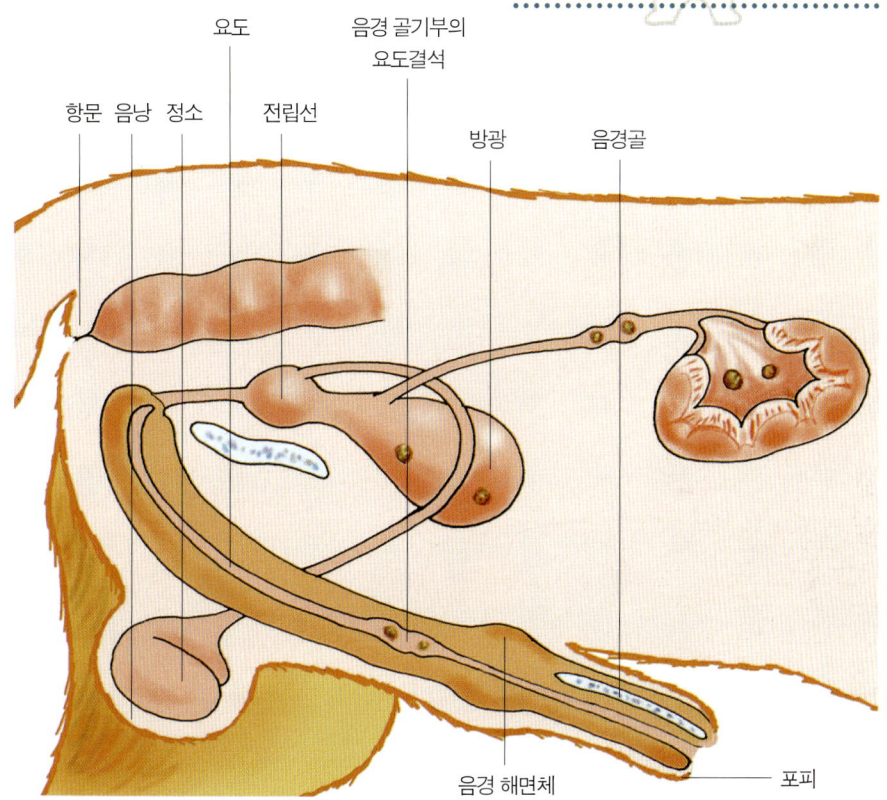

Point!

결석이 잘 생기는 원인은 ● 방광염 등 요로감염증이 있고(분비물 증가), ● 수분 섭취량이 적고 (소변 농축), ● 과식(미네랄의 다량 섭취) 등이다.

신부전

이 질병에 잘 걸리는 개

신염에 걸린 개

Part 02 　✻　 알아야 할 질병 지식!

생식기의 병

나이가 많거나 임신 경험이 없는 개가 잘 걸린다

생식기는 자손을 남기는 역할을 한다. 나이가 많거나 임신 경험이 없는 개의 경우 호르몬 불균형과 기능의 부조화로 병에 잘 걸린다.

수캐의 생식기

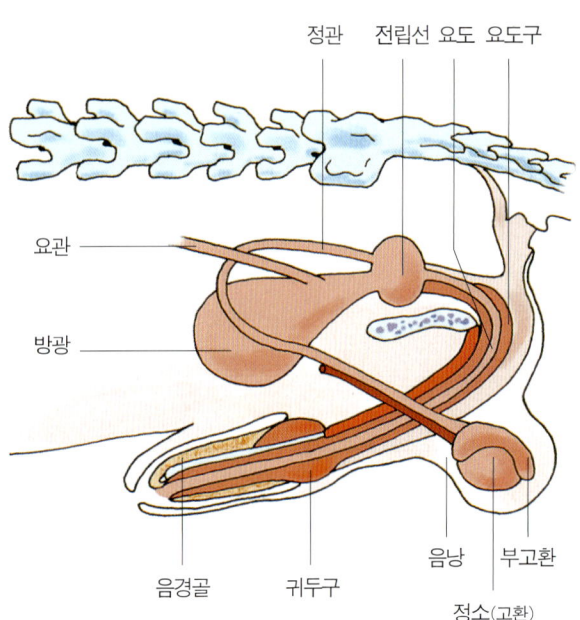

암캐의 생식기

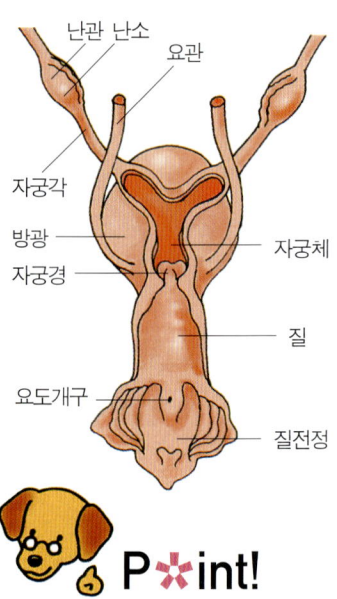

Point!

개의 자궁은 Y자형 관 모양으로 몇 마리의 태아가 자란다. 발정기의 출혈은 배란 전후 자궁에서 일어나는 충혈 때문이다.

자궁축농증

왜 생기는가?

a. 세균 감염에 의해 자궁에 고름이 쌓인다

자궁 내부에 고름이 생기는 병이다. 원인은 대장균, 연쇄상구균, 포도구균 등에 의한 감염이다.

암컷의 발정기에는 자궁 입구에 있는 자궁경관이 열리기 때문에 세균이 질에서 자궁으로 쉽게 침입한다.

자궁 내에 세균이 번식하면 염증을 일으켜 고름이 생기는데, 발정기 이외의 시기에는 자궁경관이 닫혀 있기 때문에 고름이 밖으로 나오지 못하고 자궁 내에 차츰 쌓인다.

자궁은 세균 감염을 막는 구조로 되어 있어 일반적으로 염증이 생기기 어렵다. 그럼에도 불구하고 염증이 생기는 것은 호르몬 불균형과 관련이 있다는 추측이 지배적이다.

어떤 증세가 나타나는가?

a. 물을 많이 마셔 배가 붓는다

소변량이 상당히 증가하고, 자궁에 고름이 차 있기 때문에 배가 몹시 부어오른다. 발정기에 자궁경관이 열릴 때 음부에서 고름이 나오며, 경우에 따라서는 고름에 혈액이 섞여 나오기도 한다.

식욕부진, 구토, 발열 등의 증세가 나타나기도 하며, 진행되면 빈혈이나 신부전을 일으킨다. 심한 경우에는 자궁 파열로 사망하는 경우도 있다.

어떤 치료와 예방법이 있을까?

a. 출산 계획이 없다면 자궁과 난소, 그리고 자궁경관을 떼내는 것도 하나의 예방법이다

출산 계획이 없는 경우에는 원칙적으로 수술로 자궁을 적출한다. 자궁뿐만 아니라 난소나 자궁경관도 적출한다.

출산 계획이 있는 경우에는 항생물질이나 항균제로 치료할 수 있다. 그러나 재발 가능성이 높기 때문에 개의 상태를 충분히 주의해야 한다.

이 질병은 정기적으로 임신·출산을 하면 예방할 수 있는데, 출산 계획이 없다면 피임수술을 해 두는 것도 하나의 예방법이다.

이 질병에 잘 걸리는 개

콜리, 세인트 버나드, 차우차우, 불독, 포메라니안

Part 02 　　알아야 할 질병 지식

유선염

왜 생기는가?

a. 유선에 몽우리가 생긴다

모유를 분비하는 유선에 몽우리가 생기는 질병이다.

출산 이후 수유기에 강아지가 곧 죽거나, 낳은 강아지 숫자가 적은데 모유는 과잉 분비될 경우에 잘 발병한다. 한편 세균 감염으로 발병하는 경우도 있다.

어떤 증세가 나타나는가?

a. 발열, 통증, 젖이 나온다

급성 유선염의 경우에는 유선뿐 아니라 몸에 열이 나는 것을 볼 수 있다. 이 상태에서 개는 몽우리에 통증이 생겨 만지는 것을 거부한다. 간혹 유선에서 젖이 나오는 일도 있다. 세균에 감염되지 않았다면 조기치료가 가능하다.

어떤 치료와 예방법이 있을까?

a. 염증을 치료한다

소염제를 사용하기만 해도 증세가 가벼워진다. 수유 중이라면 수유를 중지한다.

유선에 열이 날 경우에는 냉습포로 찜질하면 효과적이다.

세균 감염이 원인인 경우에는 항생물질을 사용하여 치료한다.

전립선 비대

왜 생기는가?

a. 정소의 호르몬이 정상적으로 분비되지 않는다

방광의 출구 부근에 있는 전립선이 몹시 비대해지는 병이다. 전립선 비대는 나이가 많아지면서 정소의 기능이 저하되어 호르몬이 정상 분비되지 않아 생기는 병이다. 나이 든 대다수의 개에게서 이러한 비대증이 나타난다.

어떤 증세가 생기는가?

a. 변비가 생기며 소변이 잘 나오지 않는다

비대해진 전립선이 주위 조직을 압박하면 증세가 나타난다. 장을 압박하면 변비가 생기며, 요도를 압박하면 소변이 잘 나오지 않고 조금씩 흘리거나 몇 차례에 걸쳐 배뇨한다.

어떤 치료와 예방법이 있을까?

a. 전립선을 떼낸다

전립선이 그다지 비대해지지 않은 상태에서 변비에 걸렸다면 식이요법으로 배변이 잘 되게 하는 등 증세에 맞게 치료한다.

또한 호르몬제를 체내에 주입하는 치료법도 있다. 전립선이 크게 비대해졌을 경우에는 적출 수술을 하기도 한다.

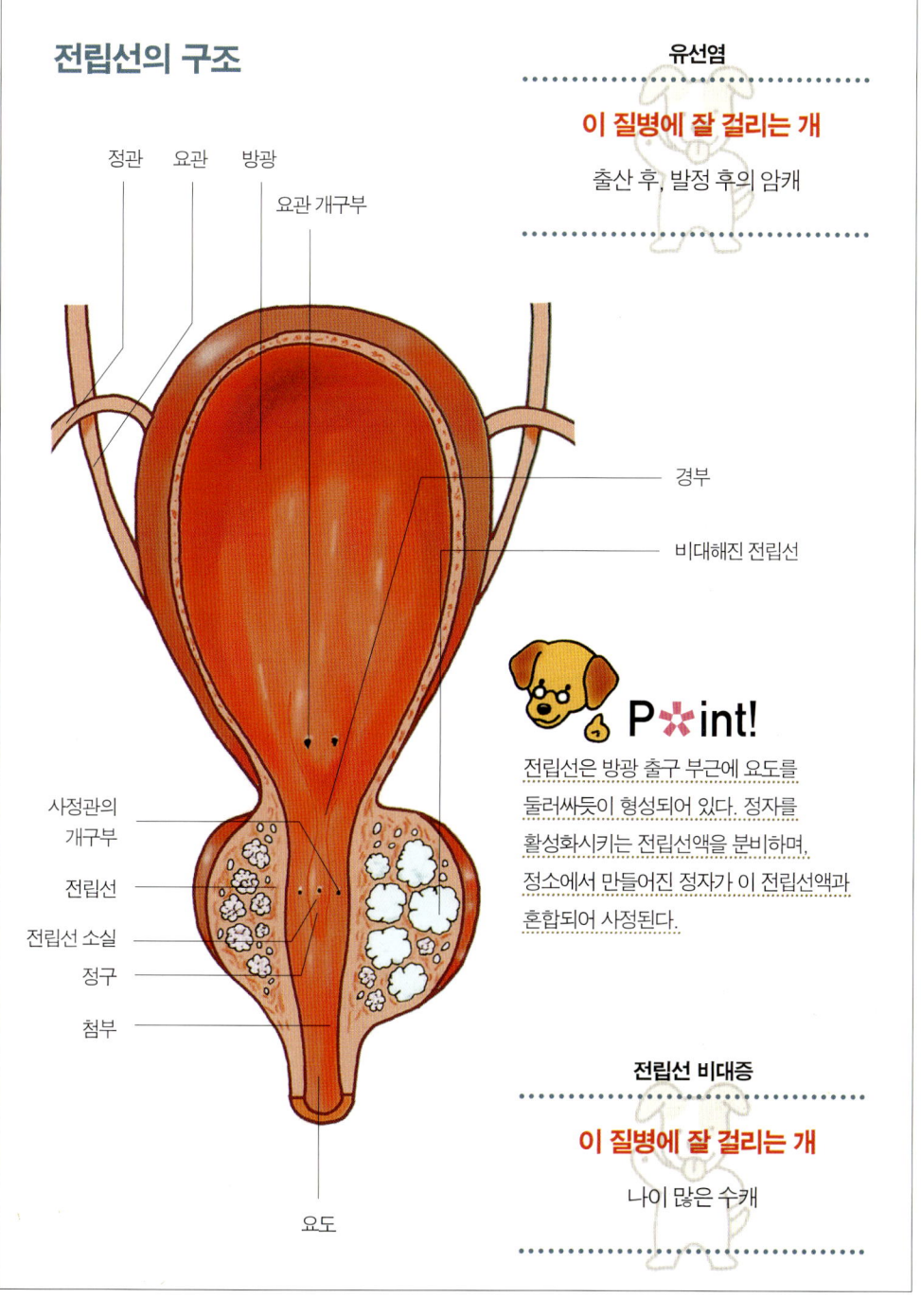

전립선의 구조

- 정관
- 요관
- 방광
- 요관 개구부
- 경부
- 비대해진 전립선
- 사정관의 개구부
- 전립선
- 전립선 소실
- 정구
- 첨부
- 요도

유선염

이 질병에 잘 걸리는 개

출산 후, 발정 후의 암캐

P✱int!

전립선은 방광 출구 부근에 요도를 둘러싸듯이 형성되어 있다. 정자를 활성화시키는 전립선액을 분비하며, 정소에서 만들어진 정자가 이 전립선액과 혼합되어 사정된다.

전립선 비대증

이 질병에 잘 걸리는 개

나이 많은 수캐

Part 02 알아야 할 질병 지식

암

암으로 변한 세포는 무질서하게 증식해 주위의 조직으로 침투한다

정상적인 세포의 증식

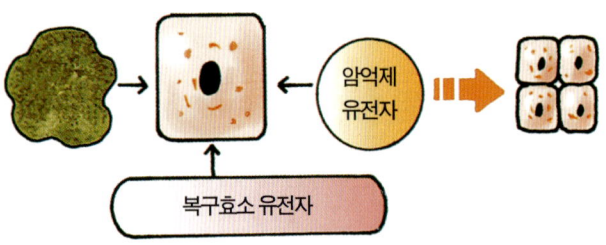

설령 증식에 관여하는 유전자가 손상되었다고 해도 암억제 유전자나 유전자의 손상을 복구하는 유전자가 활동하기 때문에 질서정연하게 증식해간다.

양성종양

세포가 비정상적으로 증식하지만 장소는 한정되어 있다. 주위 조직과의 경계선도 분명하다.

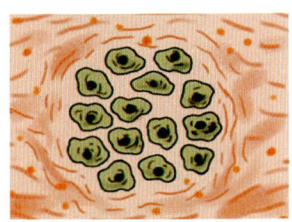

암세포의 증식

증식에 관여하는 유전자의 손상이 크거나, 암억제 유전자나 복구효소 유전자가 제대로 기능하지 못하면 무질서하게 증식해간다.

악성종양

증식한 세포가 주위의 세포 속으로 침투하기 때문에 다른 부위로 전이된다. 주위 조직과의 경계가 확실하지 않다.

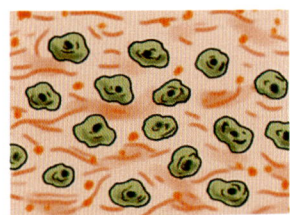

피부암

왜 생기는가?

a. 유전자가 손상되어 세포가 비정상적으로 증식한다

세포는 원래 일정한 속도로 규칙적인 분열·증식을 하는데, 증식에 관여하는 유전자가 손상되고 이상증식을 억제하는 유전자나 유전자의 상처를 복구하는 유전자가 제 기능을 못하면 이러한 규칙이 깨져 비정상적으로 증식해 나간다. 그렇게 발병한 병소를 종양이라고 하며, 그 중에서 쉽게 전이되는 악성종양을 일반적으로 암이라고 부른다.

유전자를 손상시키는 원인 중에는 고령화, 화학물질, 자외선, 바이러스, 호르몬, 음식물 등 여러 가지가 있다.

종양은 비상적으로 증식한 세포의 종류에 따라 명칭이 붙여진다. 피부암에 많은 것은 비만세포종양, 선암, 편평상피암 등이다.

어떤 증세가 나타나는가?

a. 피부에 몽우리가 생긴다

전형적인 증세는 피부에 몽우리가 생기는 것으로, 각각의 암에 따라 발생하기 쉬운 장소와 그 나름의 특징이 있다.

선암의 경우는 항문 주위나 귓속 같은 곳에 쉽게 발생하고, 몽우리가 급격히 커진다. 편평상피암은 귀와 코의 끝부분, 손톱뿌리 같은 곳에 잘 생긴다. 이 경우에는 분명한 몽우리 형태를 갖추지 않고 짓무름 따위의 피부병과 유사한 증세가 나타나므로 주의가 필요하다.

면역과 관계하는 비만세포가 암으로 전이된 비만세포종양은 위궤양을 유도하기도 한다. 항문 주위의 선종양은 항문 주위에 여드름처럼 오돌토돌한 것이 생겨 크게 자란다.

어떤 치료와 예방법이 있을까?

a. 종양을 제거한다. 방사선요법이나 항암제에 의한 치료도 있다

직경 1cm 정도의 조기암은 종양과 그 주위를 크게 절제하면 대부분 완치된다. 종양이 크면 방사선요법이나 항암제에 의한 치료를 병행한다.

어떤 암이건 조기에 발견하면 치유율이 높아진다. 몸의 표면에 생긴 피부암은 비교적 발견하기 쉬운 암이라고 할 수 있다. 평소 애견을 쓰다듬어주거나 빗질할 때 피부를 점검한다.

이 질병에 잘 걸리는 개

모든 견종. 비만세포종양은 잉글리쉬 세터, 복서, 보스턴 테리어에 많이 생긴다

유방암

왜 생기는가?

a. 여성호르몬과 관계가 있을 가능성도 있다

유방 부위에 종양이 발생할 확률이 높으며, 양성과 악성(암)의 비율은 반반이다.

암캐에게 압도적으로 많이 발생하는 것에서 여성호르몬과 관계가 깊을 것으로 본다.

어떤 증세가 나타나는가?

a. 유방에 몽우리가 생긴다

초기증세는 유방 부위에 생기는 몽우리로 나타난다. 양성종기의 경우에는 천천히 커지지만, 암의 경우에는 성장속도가 빨라 1~2개월 사이에 두 배 정도로 커진다.

몽우리 부분에서 열이 나고 염증, 출혈, 화농으로 악취가 나는 경우도 있다.

어떤 치료와 예방법이 있을까?

a. 절제수술을 한다

양성종기가 있어도 기본적으로 절제수술을 하지만, 암으로 의심되는 경우라면 한층 크게 절제해야 한다.

또한 임파절에 전이될 가능성이 높기 때문에 임파절까지 절제하는 경우가 많다. 진행되고 있는 경우에는 수술 후에 항암치료를 한다.

혈액암

왜 생기는가?

a. 상세한 원인은 알려져 있지 않다

혈액암에는 악성임파종과 백혈병이 있다. 개에게 백혈병이 발병하는 일은 많지 않으므로 대부분 악성임파종이다. 악성임파종은 턱 아래, 다리 밑, 가랑이가 시작되는 부위 등에 있는 임파절에 생기는 암이다.

어떤 증세가 나타나는가?

a. 임파절이 붓는다

발병한 곳의 임파절이 붓는데, 특히 턱 아래의 임파절에서 많이 발생한다.

배의 임파절이 부으면 설사와 구토를 하고, 가슴의 임파절이 부은 경우는 기침과 호흡 이상이 나타난다. 백혈병일 경우는 기운이나 식욕이 떨어지는 등의 증세가 나타난다.

어떤 치료와 예방법이 있을까?

a. 항암제를 투여한다

수술이 불가능하기 때문에 항암치료를 시작한다. 약 80% 정도 종기의 부기가 빠지고 기운을 되찾는다. 조기발견이 무엇보다도 효과적이기 때문에 가끔씩 임파절에 종기가 없는지 살펴봐야 한다. 그러나 백혈병의 경우는 효과적인 치료법이 없다.

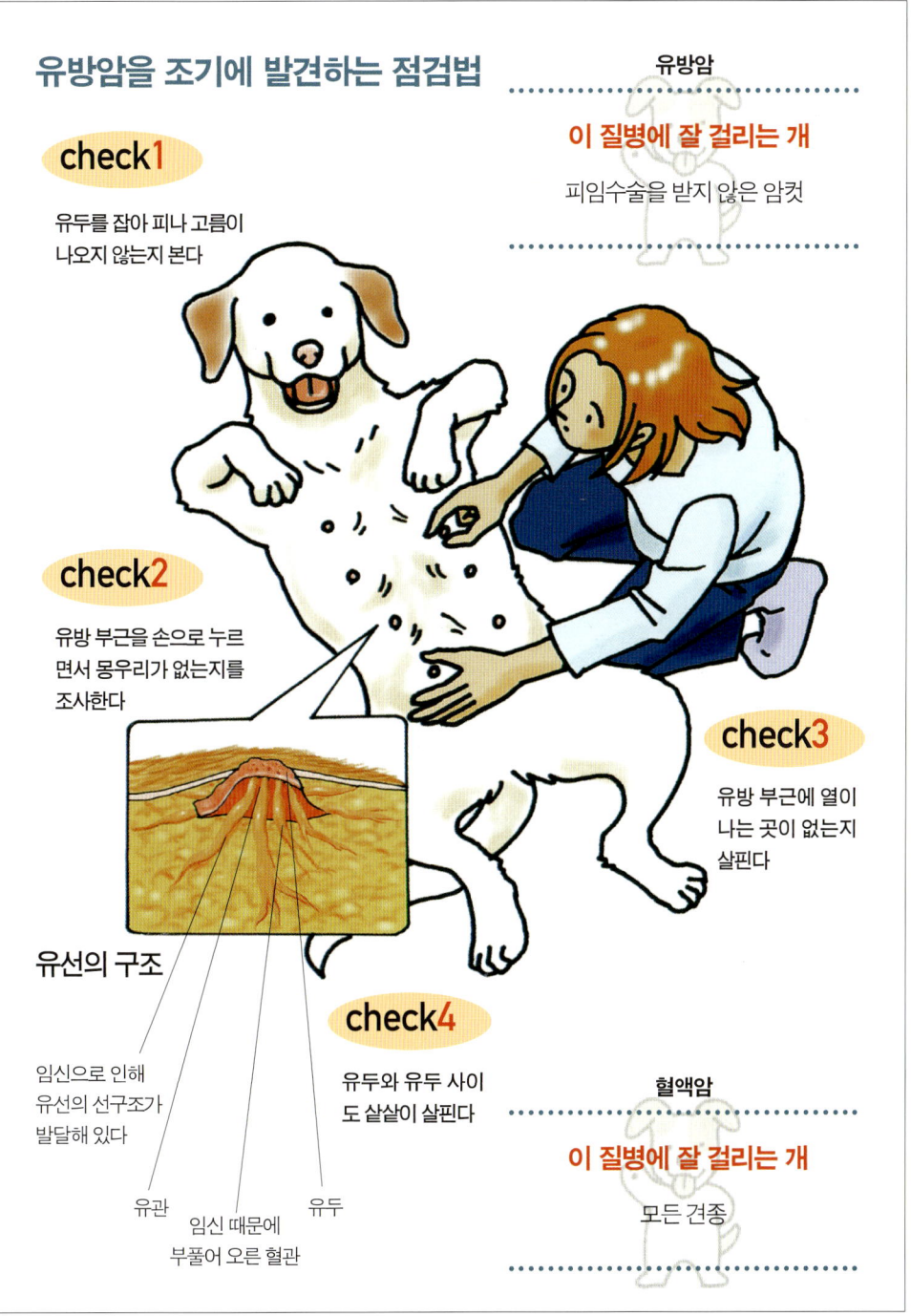

Part 02 알아야 할 질병 지식

호르몬의 병

호르몬은 여러 장기에서 분비된다

호르몬은 몸의 성장, 유지, 감정조절을 원활하게 하며, 다양한 장기에서 여러 종류가 분비된다. 분비물이 너무 많거나 적으면 이상 증세나 병이 생긴다.

항이뇨 호르몬	소변의 양을 줄인다	성장호르몬	성장을 촉진한다. 혈당치를 올린다
		갑상선자극 호르몬	갑상선에 호르몬을 분비시킨다
		생식선자극 호르몬	정자 생성을 촉진한다(수캐). 난포의 발육, 유선의 발달을 촉진한다(암캐)
		부신피질 자극호르몬	부신피질에 호르몬을 분비시킨다
		옥시토신	자궁을 수축시킨다. 유즙의 분비를 촉진한다

뇌하수체

아드레날린	혈맥을 증가시켜 혈당치를 올린다
염류 콜치코이드	혈액 속에 있는 전해질의 균형을 조절한다
당질 콜치코이드	혈당치를 올린다. 스트레스에 대항한다

부신

갑상선과 상피소체

사이록신	신진대사를 활발하게 하며 털을 자라게 한다
칼시토닌	뼈에 칼슘 섭취를 촉진한다
상피소체 호르몬	뼈에 비축한 칼슘을 혈액 속으로 방출한다

췌장

인슐린	혈당치를 내린다

정소(수캐)

엔드로겐	성기 발육을 촉진시켜 수캐화한다

난소(암캐)

프로게스테론	피임을 유지한다
에스트로겐	자궁 점막을 충혈시켜 비대하게 만든다

당뇨병

왜 생기는가?

a. 인슐린이 작용하지 못한다

당뇨병은 혈액 속에 포함되어 있는 당(포도당)이 비정상적으로 많아진 상태이다.

혈액 속의 당은 음식물에서 대사한 것으로 뇌나 근육의 중요한 에너지원으로 사용된다. 사용되지 않은 당은 지방세포에 비축되는데, 이 때 췌장에서 분비되는 인슐린이란 호르몬을 필요로 한다. 일반적으로 식후에는 혈당치가 높아지는데, 인슐린이 분비되어 당이 원활하게 처리되면 혈당치가 떨어진다.

그러나 당뇨병에 걸리면 인슐린이 제대로 작용하지 못하거나 분비가 적어지기 때문에 혈당치가 항상 높은 상태로 지속된다.

당뇨병의 원인은 췌장에 생긴 병이나 바이러스 감염 등인데, 많은 경우 과식, 운동부족, 그리고 그에 따른 비만에서 비롯한다.

어떤 증세가 나타나는가?

a. 먹는데도 불구하고 살이 찌지 않는다

조기에는 증세가 전혀 나타나지 않지만, 혈당치가 높은 상태로 지속되면 다양한 증세가 나타나기 시작한다. 물을 많이 마시고 많은 양의 소변을 배설하는데, 특히 소변량은 대개 세 배 정도가 될 만큼 많아진다. 또한 당을 에너지원으로 받아들이지 못하기 때문에 몸이 쇠약해진다. 많이 먹는데도 살이 빠지는 경우에는 주의가 필요하다.

당뇨병이 어느 정도 진행되면 백내장이나 신염을 일으키며, 저항력이 떨어져 감염증에 잘 걸린다. 당뇨병에 걸리면 혈액이 산성화하는 경향이 있는데, 이 경우 구토, 호흡곤란, 탈수 증세가 나타난다. 심하면 혼수상태에 빠지기도 한다.

어떤 치료와 예방법이 있을까?

a. 인슐린을 주사한다

인슐린 분비량과는 별개로 인슐린 기능이 떨어지는 경우에는 하루 섭취 칼로리를 제한하는 식이요법을 중심으로 치료한다.

인슐린 분비량이 떨어져 있을 때는 인슐린 주사로 보충하는 치료법이 필요하다. 인슐린을 주사할 경우에는 때때로 저혈당이 되어 혼수상태에 빠지므로 주의한다. 당뇨병 치료는 평생 동안 계속되어야 한다.

이 질병에 잘 걸리는 개

골든 리트리버, 사모예드, 닥스훈트, 래브라도 리트리버

쿠싱증후군

왜 생기는가?

a. 부신피질호르몬이 과잉으로 분비된다

신장 상부에 있는 부신에서 분비되는 부신피질호르몬이 과잉 분비되고, 분비를 조절하는 뇌의 뇌하수체에 종양이 생겨서 발생한다.
　　또한 부신피질(스테로이드) 호르몬제가 원인인 경우도 있다.

어떤 증세가 나타나는가?

a. 다음다뇨 증세가 나타난다

배가 붓고 처지며 탈모 증세도 나타난다. 호르몬의 영향으로 털이 빠지는 경우에는 몸의 양쪽 좌우 대칭으로 탈모가 진행된다. 그 밖에 근육이 위축되거나 비정상적인 과식 증세도 나타난다.

어떤 치료와 예방법이 있을까?

a. 부신피질호르몬의 작용이 약해진다

부신피질호르몬의 작용을 억제하는 약으로 치료하는데, 약의 투여는 평생 지속해야 한다.
　　부신피질호르몬제의 영향으로 발병하는 경우에는 투약을 중지한다. 이 때 갑자기 그만두면 위험한 사태가 발생할 수 있기 때문에 서서히 줄여나간다.

요붕증

왜 생기는가?

a. 항이뇨호르몬이 제대로 기능하지 못한다

뇌의 시상하부에서 만들어져 하수체로 모이는 항이뇨호르몬은 체내의 소변량에 따라 소변의 양을 조절한다. 그 때문에 시상하부나 수하체에 종양과 염증이 생기면 오줌의 양을 조절할 수 없게 된다.

어떤 증세가 나타나는가?

a. 비정상적으로 소변을 배설한다

비정상적일 정도로 많은 물을 마시고 많은 양의 소변을 배설한다. 개가 체중 1kg당 하루 100ml 이상의 물을 마실 때, 체중 1kg당 500ml 이상의 소변을 배설할 때에는 주의가 필요하다. 그 밖에 두드러지는 증세는 별로 없다.

어떤 치료와 예방법이 있을까?

a. 시상하부와 하수체를 정상화시킨다

뇌를 비롯해 신장, 부신, 간장에 요붕증을 일으키는 질병이 있을 때는 먼저 그것부터 치료한다. 한편 복용 중인 약이 원인일 경우에는 투약을 중지한다. 그러나 물을 제한하면 탈수의 위험이 있으므로 물은 마시게 한다.

요붕증으로 보이는 증세

물을 많이 마신다

마시는 물의 표준량
= 체중 1kg당 50ml

다량의 소변을 배설한다

소변의 표준량 = 체중 1kg당 500ml
평소보다 소변을 보는 횟수와 양이 많고 색이 연하다. 소변을 배설할 때 점검하도록 한다.

쿠싱증후군

이 질병에 잘 걸리는 개

시추, 닥스훈트, 비글, 불독, 보스턴 테리어, 포메라니안, 요크셔 테리어

견종별 하루 물 섭취량

견종	섭취량
말티즈 3kg	150ml
웰시 코기 펨브로크 10kg	500ml
스탠더드 불독 20kg	1000ml
래브라도 리트리버 30kg	1500ml

물을 많이 마시고 소변량이 많을 때는 생활환경을 정리한다.
- 항상 물을 마시게 한다.
- 화장실을 청결하게 한다.
- 산책 횟수를 늘린다.

요붕증

이 질병에 잘 걸리는 개

모든 견종

Part 02 　　　✱　　　알아야 할 질병 지식

뇌의 병

개의 몸에는 뇌와 연결된 신경이 펼쳐져 있는데, 이것이 시각과 청각 등 지각을 느끼게 하거나 몸의 움직임을 조절한다. 따라서 뇌에 조금이라도 이상이 생기면 전신에 다양한 영향을 미친다.

팔 다리가 경직되면서 쓰러지면 간질을 의심한다

경련의 다양한 증세

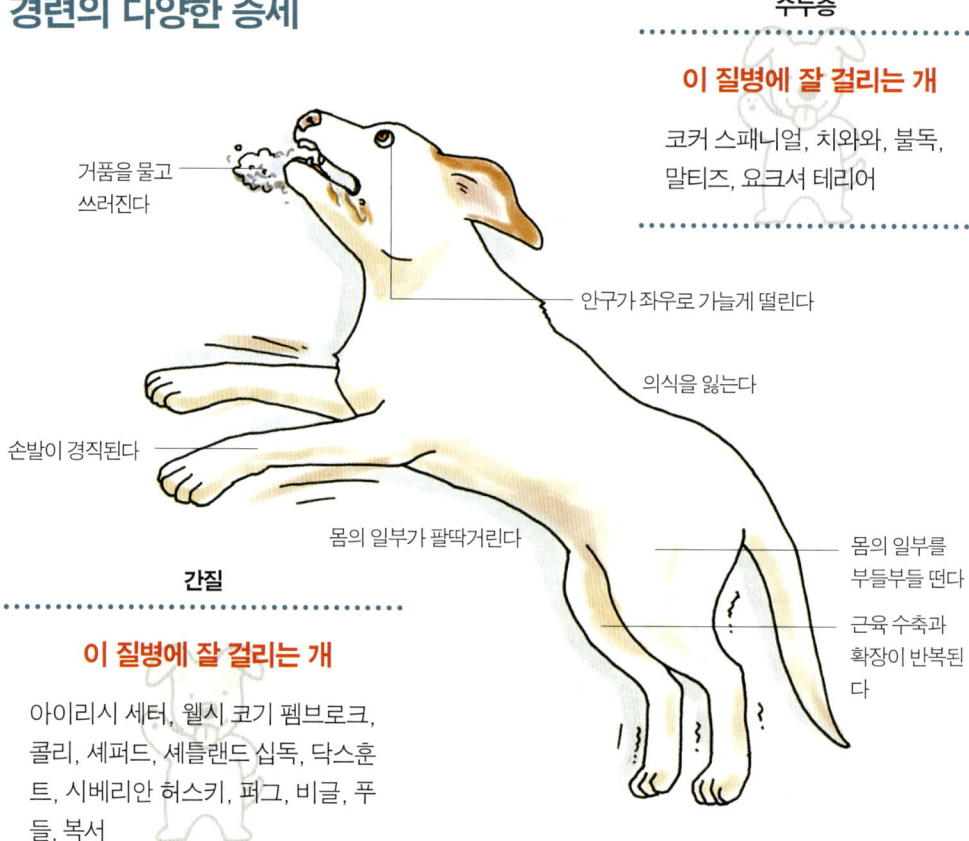

- 거품을 물고 쓰러진다
- 안구가 좌우로 가늘게 떨린다
- 의식을 잃는다
- 손발이 경직된다
- 몸의 일부가 팔딱거린다
- 몸의 일부를 부들부들 떤다
- 근육 수축과 확장이 반복된다

수두증

이 질병에 잘 걸리는 개

코커 스패니얼, 치와와, 불독, 말티즈, 요크셔 테리어

간질

이 질병에 잘 걸리는 개

아이리시 세터, 웰시 코기 펨브로크, 콜리, 셰퍼드, 셰틀랜드 십독, 닥스훈트, 시베리안 허스키, 퍼그, 비글, 푸들, 복서

간질

왜 생기는가?

a. 신경세포의 변화가 원인이다

간질 발작이라는 발작을 일으키는 병이다.

대뇌에 있는 전정 부위의 신경세포가 변화하기 때문에 발생한다. 뇌의 염증, 뇌종양, 뇌의 기형, 뇌손상 외에 저혈당, 간장병, 신장병 등 다양한 병으로 신경세포에 변화가 온다.

어떤 증세가 나타나는가?

a. 경련 발작이 일어난다

급하게 손발이 경직되며 쓰러진다. 큰 발작이 있을 때는 몸을 뒤로 젖히고, 입에 거품을 물며, 의식을 잃는다. 쓰러진 상태에서 발에 경련을 일으키거나 턱을 떤다.

첫 발작이라면 발작 후 1~5분이 지나면 원래 상태로 돌아온다.

어떤 치료와 예방법이 있을까?

a. 매일 항간질제를 투약한다

뇌에 생기는 병이 원인인 경우에는 그 병을 먼저 치료한다.

원인을 알 수 없는 특발성 간질의 경우에는 매일 항간질제를 먹인다.

수두증

왜 생기는가?

a. 뇌척수액이 증가한다

두개골 내부의 뇌실은 뇌척수액으로 가득 차 있다. 수두증은 어떤 원인으로 뇌척수액이 비정상적으로 증가하여 뇌실이 커져 뇌를 압박하는 질병이다.

대부분은 선천적인 요인이다.

어떤 증세가 나타나는가?

a. 치매, 마비, 공격성이 나타난다

뇌의 어느 부분이 압박을 받느냐에 따라 증세가 달라진다.

대뇌피질이 압박을 받으면 치매상, 감각 둔화, 마비 증세가 나타나고, 대뇌변연계에 장애가 생기면 성행동의 이상과 공격성이 나타난다. 또한 간뇌나 시상하부에 장애가 오면 비정상적으로 많이 먹거나, 반대로 식욕을 잃는다.

어떤 치료와 예방법이 있을까?

a. 뇌압을 떨어뜨린다

부신피질호르몬제나 강압이뇨제를 먹여 뇌압을 떨어뜨린다. 단, 이 경우에는 일시적으로 증세를 호전시킬 수 있지만 자주 재발한다는 단점이 있다. 수술 등의 방법도 있지만, 100% 완치하기는 어렵다.

Part 02 　　✽　　 알아야 할 질병 지식

혈액의 병

혈액은 혈관을 통해 몸 구석구석까지 흐른다. 이 때 동맥을 통해 각각의 조직으로 산소, 영양분, 호르몬을 운반하는 동시에 이산화탄소와 노폐물을 받아들이고, 정맥을 통해 심장으로 되돌아간다.

혈액성분이 파괴되어 빈혈이나 출혈이 일어난다

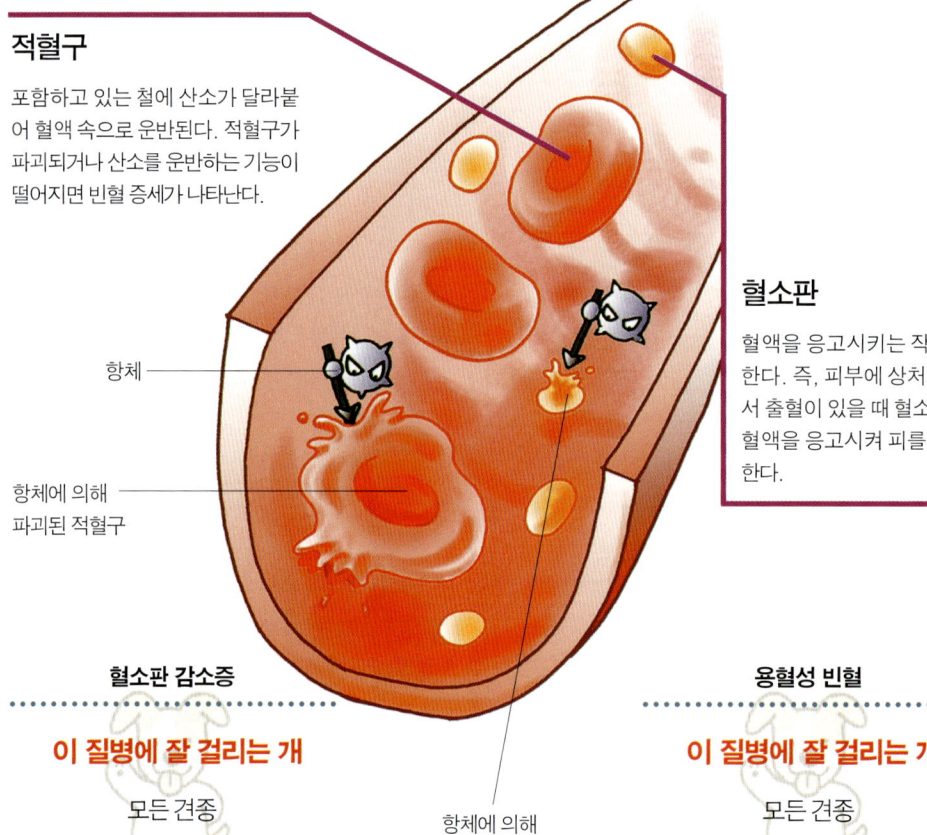

적혈구
포함하고 있는 철에 산소가 달라붙어 혈액 속으로 운반된다. 적혈구가 파괴되거나 산소를 운반하는 기능이 떨어지면 빈혈 증세가 나타난다.

항체

항체에 의해 파괴된 적혈구

혈소판
혈액을 응고시키는 작용을 한다. 즉, 피부에 상처가 나서 출혈이 있을 때 혈소판이 혈액을 응고시켜 피를 멎게 한다.

항체에 의해 파괴된 혈소판

혈소판 감소증
이 질병에 잘 걸리는 개
모든 견종

용혈성 빈혈
이 질병에 잘 걸리는 개
모든 견종

용혈성 빈혈

왜 생기는가?

a. 적혈구가 파괴된다

바이러스나 세균 등의 이물질이 있으면 공격해서 물리치는 면역시스템이 어떤 원인으로 자신의 조직에 작용하는 경우가 있다(자기면역).

용혈성 빈혈은 자기면역으로 적혈구에 대한 항체가 생겨 결국 적혈구가 파괴되는 병이다.

양파에 중독되어 일어나는 경우도 있다.

어떤 증세가 나타나는가?

a. 빈혈을 일으킨다

적혈구가 파괴되어 빈혈이 생기면 눈 점막이나 잇몸색이 하얗게 변한다. 또한 파괴된 적혈구가 황달을 일으키는 경우도 있는데, 이 때는 눈이나 잇몸이 노란색으로 변한다.

그 밖에 기운이 없어 보이고, 운동을 거부하며, 잘 먹지 않고, 구토 증세를 보인다. 빈혈 정도가 심해지면 쉽게 피로를 느낀다.

어떤 치료와 예방법이 있을까?

a. 빈혈을 개선한다

1~2주 동안 약을 사용해 빈혈을 개선시킨다. 중증인 경우에는 수혈을 한다.

혈소판 감소증

왜 생기는가?

a. 혈소판 감소가 원인이다

혈소판이 급격히 감소해 자주 출혈하는 증세다. 백혈병이나 감염증 등에 의한 것과, 자기면역에 의해 혈소판이 공격받아 일어나는 것이 있다. 사고나 항암제가 발병의 원인이 되기도 한다.

어떤 증세가 나타나는가?

a. 내출혈이 일어난다

혈액을 응고시키는 기능을 하는 혈소판이 감소하기 때문에 사소한 내출혈로도 눈과 코의 점막, 피부 등에 출혈에 의한 상처가 남는다.

중증인 경우에는 피를 토하거나 혈변과 혈뇨를 배설하며, 코피를 흘리기도 한다.

이런 출혈증세 때문에 결국 빈혈이 생긴다.

어떤 치료와 예방법이 있을까?

a. 혈소판 감소를 억제한다

원인이 되는 질병이 있다면 그 치료를 병행하여 증세를 호전시킨다. 그러나 자기면역이 원인이면 치료가 그리 쉽지 않다. 빈혈 증세가 심해졌을 때는 수혈을 한다.

Part 02　　알아야 할 질병 지식

중독

중독되면 설사나 구토 외에 경련이 일어나는 경우도 있다

이런 것에 주의를!

가정에서 | 그림물감, 화장품, 살충제, 세제, 담배, 페인트, 붕산 알갱이 등
식품 중에서 | 양파, 파, 초콜릿
식물 중에서 | 해바라기 씨앗, 마취목, 아마릴리스, 까마중, 크로커스의 뿌리, 겨자씨, 디기탈리스, 감자싹, 석남, 은방울꽃, 소철 열매, 석산, 복수초 등

이 질병에 잘 걸리는 개

모든 견종

음식물에 의한 중독 증세

- 황달
- 빈혈
- 설사
- 구토
- 붉은 색의 소변을 배설한다

약품에 의한 중독 증세

- 침을 흘린다
- 거품을 문다
- 호흡이 빨라진다
- 경련을 일으킨다
- 소변, 대변, 구토물에 피가 섞여 나온다

음식물 중독

왜 생기는가?

a. 유해성분이 신경으로 침투한다

감자싹이나 독버섯 등 사람이 먹고 중독되는 식물은 개 역시 중독을 일으킨다. 또한 양파나 마취목도 주의해야 하는 식물이다.

양파에 중독되면 파류에 포함된 화학물질에 의해 적혈구가 파괴된다. 마취목의 경우에는 잎사귀나 나무에 포함된 유독성분이 신경으로 침투한다.

어떤 증세가 나타나는가?

a. 설사나 구토, 호흡곤란 등 다양한 증세가 나타난다

양파 중독은 소변이 빨갛고, 빈혈이나 황달이 나타난다. 설사나 구토, 비장의 부종 등의 증세가 나타나거나 기운을 잃기도 한다.

마취목에 중독되면 신경에 장애가 오기 때문에 침을 흘리고 구토를 한다. 또한 걸음걸이에 기운이 없거나, 맥박과 호흡이 빨라지는 등 다양한 증세가 나타난다.

어떤 치료와 예방법이 있을까?

a. 위험물질에도 주의를 기울인다

빈혈을 개선하거나 신경 기능을 개선하는 치료를 병행한다.

약품 중독

왜 생기는가?

a. 약품을 핥아 중독된다

가정에 있는 살충제, 쥐 잡는 약, 제초제 등 개가 잘못 먹으면 중독 증세를 일으키는 약품이 많이 있다. 평소 자주 사용하는 개의 진드기 구제용 약욕제나 벼룩 잡는 목걸이도 주의해야 할 품목이다.

어떤 증세가 나타나는가?

a. 침을 흘리고 경련을 일으킨다

먹은 약품에 따라 증세가 각각 다르다.

약욕제 등에 포함된 염소계통의 살충제를 먹은 경우에는 침을 흘리거나 1시간 이내에 사지에 경련이 일어난다. 벼룩 잡는 목걸이에 포함된 유기인산계의 살충약에 중독되면 침을 흘리고, 설사, 경련, 호흡장애 등이 나타난다.

어떤 치료와 예방법이 있을까?

a. 위세척을 한다

위를 세척하거나 약품의 독을 중화시키는 약을 사용하는 등의 치료를 병행한다.

약품 종류에 따라 치료법이 다르기 때문에 무엇을 먹었는지 이미 알고 있는 경우에는 수의사에게 알려주고 실물을 보여준다.

Part 02　✻　알아야 할 질병 지식

마음의 병

개의 환경이 다양해지면서 키우는 방법과 주인과의 관계에서 스트레스를 받는 경우가 점차 늘고 있다. 스트레스는 마음의 병과 때에 따라 이상행동을 일으키기도 한다. 이상행동을 할 때는 애견의 정신상태와 환경에 문제가 없는지 살펴본다.

마음의 병으로도 **이상행동**이 나타난다

같은 곳을 계속해서 핥는다

꼬리 끝을 쫓아다닌다

집에 혼자 있으면 계속해서 짖는다

혼자 있을 때 물건을 찢는다

무엇인가를 계속 쫓아다닌다

분리불안

이 질병에 잘 걸리는 개

외로움을 많이 타는 개, 항상 주인과 함께 있는 개

강박신경증

이 질병에 잘 걸리는 개

스트레스를 받고 있는 개

분리불안

왜 생기는가?

a. 주인과 떨어져 있으면 불안감을 느낀다

주인과 너무 밀착된 생활을 하는 개는 주인에 대한 정신적인 의존도가 강하다. 그 결과 조금이라도 주인과 떨어져 있으면 불안감을 느낀다.

어떤 증세가 나타나는가?

a. 혼자 있으면 이상행동을 한다

주인이 없을 때면 마구 돌아다니며 집 안을 어지럽히거나, 자주 짖거나, 적절하지 않은 장소에 배설한다. 이런 증세는 일반적으로 주인이 집을 비운 지 30분 이내에 나타난다.

주인이 외출할 것 같으면 개가 불안한 얼굴을 하고, 안정감이 없어진다.

어떤 치료와 예방법이 있을까?

a. 혼자 있는 습관을 가르친다

주인이 현관을 나섰다가 곧바로 돌아오는 과정을 반복하거나, 개가 눈치채지 못하도록 집을 나가는 등 주인의 외출에 조금씩 익숙해지게 만드는 행동요법이 효과적이다. 신경안정제를 먹여도 좋다.

강박신경증

왜 생기는가?

a. 스트레스가 원인이다

주변 사람들이 이해하지 못할 정도의 행동을 반복하는 병이다.

원인은 확실하지 않지만, 집에 갇혀 있으려 하지 않고 가끔씩 하던 행동도 그만둔다.

어떤 증세가 나타나는가?

a. 의미 없는 행동을 반복한다

어떤 행동을 하느냐는 개에 따라 다르지만, 전형적인 행동은 자신의 꼬리 끝을 쫓아 돌아다니며 물어뜯어 상처를 내는 것이다. 그 중에는 눈에 보이지 않는 파리나 빛을 쫓아다니는 개도 있다.

다리 뒷부분을 비롯해 몸의 일부를 지속적으로 핥거나, 너무 핥아서 피부에 상처가 생기는 경우도 있다.

어떤 치료와 예방법이 있을까?

a. 항우울증제를 먹인다

항우울증제를 먹이면 증세가 다소 호전된다.

그러나 무엇보다도 스트레스를 주지 않는 것이 중요하다. 이 병의 원인은 정해져 있지 않으므로 주인이 개를 자주 상대해주는 것이 좋은 예방책이다.

Part 02 | 알아야 할 질병 지식

병원 검사

병원의 다양한 검사 중 대표적인 것이 소변 · 대변 · 혈액 검사이다. 개의 상태가 이상할 때는 소변이나 대변을 가지고 병원에 간다.

소변 검사

신장, 비장, 방광 등의 이상을 비롯해 당뇨, 요담백, 빌리루빈뇨 등 신진대사와 호르몬의 이상, 그리고 소화기 등의 이상 증세를 조사한다.

검사 항목	정상 소견
양	28~47ml/kg (1일)
색	황색
혼탁도	투명
비중	1.015~1.045
pH	4.5~8.5
단백질	(-)~흔적
당	(-)
케톤체	(-)
빌리루빈	흔적
잠혈	흔적
적혈구	0~5 (보통 눈으로)
백혈구	0~5 (보통 눈으로)
상피세포	가끔 보인다
요원주세포	거의 없다
지방덩어리	가끔 보인다
결정	(-)
세균	(-)

건강한 개의 소변

대변 검사

주로 소화기관의 질병, 기생충 감염 등을 조사한다.

빌리루빈 · 우로비린체 검사

황달 여부를 알 수 있다.
정상 빌리루빈(-)
우로비린(+)

현미경 검사

기생충체나 알의 유무를 확인한다

편충의 알   구충의 알   회충의 알

원충 시스트 (포자낭)   조충의 알

원충의 영양형

소변 검사

검사의 목적이 무엇인가?

a. 소변의 성분을 검사한다

몸에 이상이 생기면 오줌으로 배설되지 않는 물질이 소변에 섞이거나, 몸에 필요한 것이 배설되는 경우가 있다. 소변의 성분 검사로 몸의 이상 여부를 파악할 수 있다. 특히 소변의 횟수와 양에 변화가 있을 때 이 검사가 중요하다.

검사로 무엇을 알 수 있을까?

a. 병을 조기에 발견할 수 있다

소변 검사를 통해 소변의 비중, 소변 속에 포함된 단백질과 당의 양, 혈액의 유무를 조사한다.

소변의 비중이 정상보다 높은 경우에는 신부전이나 당뇨병을, 낮은 경우에는 만성 신염이나 자궁축농증 등을 의심해야 한다.

요단백이 많은 경우는 신장병, 당분이 많은 경우에는 당뇨병일 가능성이 있다.

소변 속에 눈에 보이지 않는 혈액이 섞여 있는 잠혈의 경우에는 요로결석증, 방광염, 전립선염 등을 생각해볼 수 있다. 혈액에서 빌리루빈(적갈색의 담즙색소)이 검출된 경우에는 간장병이나 담도 등의 질병으로 황달이 생겼음을 나타낸다.

요단백이나 잠혈이 있을 때는 침전물을 조사할 수 있는 요침사(尿沈渣)를 실시한다.

대변 검사

검사의 목적이 무엇인가?

a. 기생충 유무와 소화기관 이상을 조사한다

대변은 소화기관을 통해 배설되기 때문에 대변 검사를 통해 주로 소화기관의 염증과 그 밖의 이상증세, 기생충 유무를 알 수 있다.

대변을 검사할 때는 자연스럽게 배설된 대변 외에, 장 속의 대변을 채집해 검사하기도 한다. 우선 육안으로는 색, 냄새, 단단한 정도, 이물질의 혼합 유무 등을 조사한다. 기생충에 의한 병인 경우에는 육안으로 벌레가 발견되기도 한다.

검사로 무엇을 알 수 있을까?

a. 황달과 기생충의 유무를 알 수 있다

대변 검사를 통해 간장병이나 담도계의 질병으로 많이 생기는 황달의 유무를 알 수 있다. 대변을 시약에 녹여 대변 속의 빌리루빈과 우로비린의 유무를 검사하는데, 검사결과에 따라 황달의 원인을 어느 정도 추측할 수 있다.

기생충에 의한 병이 아닐까 의심이 갈 때도 대변 검사가 아주 중요하다. 현미경으로 기생충의 성충과 알을 확인하는 방법 외에, 대변을 시약에 녹여 알을 모으는 방법이 있다. 이런 검사를 통해 기생충의 종류를 확인할 수 있다.

혈액 검사

검사의 목적은 무엇인가?

a. 일반 혈액 검사와 생화학 검사를 실시한다

혈액은 전신을 돌면서 세포에 영양분과 산소를 제공하고, 세포에서 불필요한 물질을 제거한다. 때문에 몸 안 어딘가에 이상이 있으면 혈액에 변화가 나타난다. 따라서 온몸의 상태를 알기 위해서는 혈액 검사가 중요하다.

혈액 검사에는 적혈구나 백혈구 등 혈액 자체의 상황을 조사하는 일반 혈액 검사와, 혈액에 포함되어 있는 물질의 양과 유무를 살펴 장기의 작용을 전체적으로 점검하는 생화학 검사가 있다.

검사로 무엇을 알 수 있을까?

a. 혈액과 몸의 상태를 알 수 있다

● 일반 혈액 검사

적혈구의 수에 따라 빈혈 외에 탈수 유무 등도 알 수 있는데, 혈액의 농도를 나타내는 헤마토크리트(적혈구 용적비)로도 이와 동일한 것들을 알 수 있다. 백혈구의 수에 이상이 있을 때는 스트레스, 감염, 염증, 백혈병 등 다양한 질병 가능성을 의심해 볼 수 있다. 혈소판의 수는 혈액의 응고능력 정도를 파악할 수 있다.

● 생화학 검사

혈액 속의 단백당, 지방, 크레아티닌(단백질의 대사산물), GPT이나 GOT(간장에서 만들어지는 대사에 필요한 정상 효소) 등의 여러 물질과 그 양을 통해 다양한 질병들을 조기에 발견할 수 있다.

예를 들어 당분이나 지방 등의 수치에 따라 당뇨병, 고콜레스테롤혈증 등의 유무를 알 수 있다. GPT나 GOT 수치가 높으면 간장병을 의심해야 한다. 간장병의 경우에는 단백질의 양도 증가한다. 요소질소나 크레아티닌 양이 많아지면 간장병일 가능성이 있다.

그 밖에 혈액 검사를 통해서 필라리아증을 파악할 수 있다. 현미경으로 혈액을 살펴보면 혈액 속에 필라리아 유충이 있는지 확인할 수 있다.

생화학 검사의 종류와 정상 수치

검사 항목	정상 수치
총 빌리루빈(T-Bil)	0.1~0.6mg/dl
혈장 속에 함유된 총 단백질(TP)	6~8g/dl
혈당치(Glu)	60~110mg/dl
혈중 요소질소(BUN)	10~20mg/dl
크레아티닌(Cre)	0.6~1.2mg/dl
아라닌아미노 기전이효소(GPT)	15~70IU/l
아스파라긴산 아미노 기전이효소(GOT)	10~50IU/l
알칼리 포스파타제(ALP)	20~150IU/l
총 콜레스테롤(T-Cho)	81~157mg/dl
트리글리세리드(TG)	10~42mg/dl
칼슘(Ca)	8.8~11.2mg/dl
인(P)	2.5~5mg/dl
나트륨(Na)	135~147mg/dl
칼륨(K)	3.5~5.0mg/dl
염소(Cl)	95~125mg/dl

Part 03*
수의사에게 배우는 응급처치

골절

차에 부딪치거나 계단에서 떨어지는 등 큰 충격을 받고 애견이 골절을 당하는 경우가 있다. 특히 포메라니안이나 치와와 같은 소형견과, 골격이 제대로 형성되지 않은 강아지는 의자에서 뛰어내리기만 해도 쉽게 뼈가 부러진다.

골절되면 그 부분이 변형되기 때문에 길이나 모양이 좌우대칭을 이루지 못한다. 또한 부러진 곳이 부어오르고 통증이 있기 때문에 몸 만지는 것을 싫어한다. 다리뼈가 부러진 상태에서 개는 다리를 들어올린 채 걷는다.

병원으로 데려갈 때는 몸을 움직이지 않게 한다. 큰 상자나 케이지(cage) 등에 넣어 옮긴다.

염좌인 경우에는 신체에 변형이 오지는 않지만, 운동을 그만두게 하고 한동안 상태를 지켜본다.

point

:: 변형된 곳은 없는가?
:: 만지면 싫어하지 않는가?
:: 걸음걸이에 이상은 없는가?
:: 골절의 경우에는 개를 못 움직이게 한다.
:: 염좌인 경우에는 그 상태를 본다.

01 개를 누르고 붕대를 감는다

발끝이나 발가락, 꼬리뼈가 튀어나오고 출혈이 있을 때는 155p.의 압박붕대사용법으로 지혈한 뒤 가제로 상처를 감는다. 또 개가 쇼크로 놀라지 않도록 목과 배에 팔을 둘러 가볍게 눌러준다. 다른 부위에 상처가 났을 때는 만지지 말고 바로 병원에 데리고 간다.

02 부목을 댄다

골절을 당한 부위가 움직이지 않도록 고정시킨다. 골절 부위에 가제를 올려놓고 그 위에 끼우듯이 부목을 댄다

03 부목을 고정시킨다

부목을 테이프나 붕대로 감아 고정시킨다. 이와 같은 비상처치를 한 뒤 병원으로 데리고 간다.

감 전

집 안에는 전기제품의 코드가 많다. 개가 코드를 씹으면 감전의 위험이 있는데다, 특히 호기심이 왕성한 강아지는 무엇이든 입으로 가져가 씹어보려고 하므로 더욱 주의한다.

코드 근처에 개가 감전되어 쓰러져 있더라도 곧바로 안아 올리거나 개가 흘린 소변을 만지면 안 된다. 사람도 감전될 수 있기 때문이다. 일단 콘센트 먼저 뽑는다. 이런 경우 가벼운 증세로 보여도 화상을 입을 수 있다. 혹시 입 안에 화상 입은 곳이 없는지 잘 살펴보고, 화상을 입었거나, 의식을 잃었거나, 호흡을 멈추었을 때는 곧바로 병원으로 데리고 간다.

평소 코드나 콘센트에 커버를 씌워놓거나 아예 개가 만질 수 없는 장소에 설치하는 등 안전대책을 해두는 것이 필요하다. 사용하지 않는 콘센트는 커버를 씌워둔다.

point
:: 개를 갑자기 만지지 않는다.
:: 사람이 감전되지 않도록 주의한다.
:: 먼저 콘센트를 뽑는다.
:: 데인 곳은 없는지 입 안을 살펴본다.
:: 의식이 없다면 곧바로 병원으로 데리고 간다.

전류차단기를 내려놓는다
전류차단기를 내려서 전원 자체를 차단하는 방법도 있다.

코드를 뽑는다
전원을 차단하지 않으면 2차 감전의 위험이 있다. 곧바로 코드를 뽑는다.

전원을 차단시킬 수 없을 때
가까운 곳에 전원이 없는 경우에는 감전되지 않도록 마른 판자나 막대기로 개를 밀어 코드에서 멀리 떨어뜨려 놓는다. 이때는 신문지를 깐 위에 마른 물건을 올려놓고 그 위에 올라가서 해야 한다.

개를 만지지 않는다
전원을 차단하기 전에 개를 만지면 감전된다.

Part 03 수의사에게 배우는 응급처치

출 혈

다른 개와 싸우거나, 유리나 끝이 뾰족한 것에 찔리면 몸에 상처가 나고 피를 흘린다.

출혈이 있을 때는 먼저 어느 부위에 상처가 났는지 확인한다. 긴 털에 가려져 있는 경우도 있기 때문에 털을 잘 제치면서 살펴봐야 한다. 상처를 발견하면 먼저 피를 닦고 그 부위의 털을 잘라낸다. 그리고 출혈을 막기 위해 한동안 지혈을 한다. 그래도 멈추지 않을 때는 가제를 놓고 붕대로 강하게 감는다.

point
:: 상처를 확인한다.
:: 피가 나는 곳을 누른다.
:: 압박붕대를 감는다.
:: 냉정하게 대처한다.

몸의 출혈

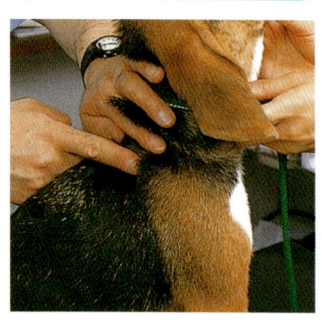

01 상처를 확인한다

어디서 피가 흐르는지, 상처는 어떤 상태인지를 확인한다.

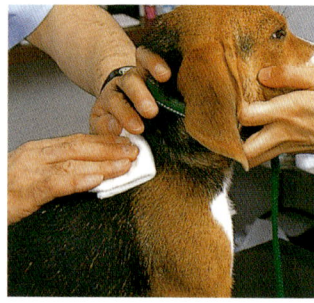

02 가제로 누른다

상처를 가제로 꽉 누른다. 가제에 피가 스며들면 그 위에 다시 가제를 놓고 누른다.

귀의 출혈

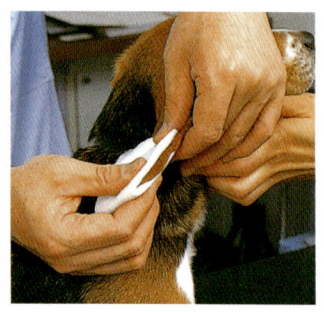

귀를 가제 사이에 감싸듯이 끼워서 피를 멈추게 한다. 귀에서 피가 많이 나는 경우가 있더라도 냉정하게 대처한다.

발톱의 출혈

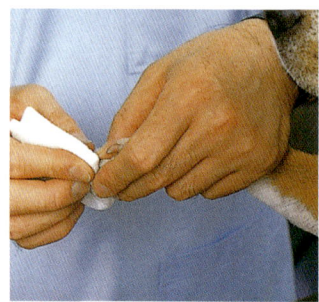

발톱과 발가락에서 피가 날 때는 붕대로 강하게 감는다. 155p.에 있는 압박붕대사용법을 참고한다.

압박붕대 사용법

피가 잘 멈추지 않을 때는 신축성 있는 붕대로 강하게 감고 병원에 데리고 간다.

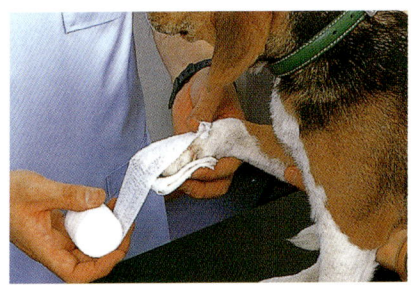

01 상처에 가제를 댄다
상처에 가제를 대고 붕대로 감싸듯이 감는다.

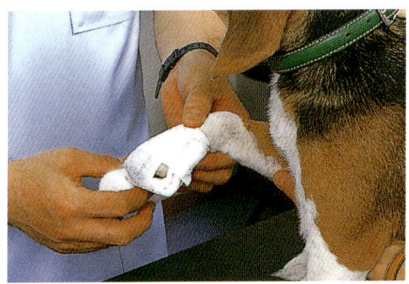

02 붕대를 강하게 감는다
붕대를 늘이면서 감아 나간다.

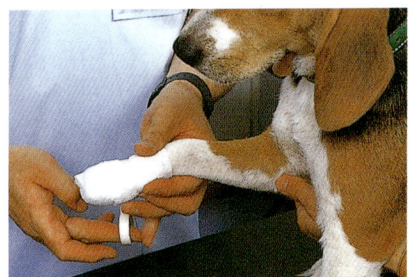

03 반창고로 붙인다
붕대로 다 감은 후에는 반창고를 잘 붙여 마무리 한다.

화상

point
:: 화상의 정도를 확인한다.
:: 수포가 없어도 화상으로 봐야 한다.
:: 빨갛게 부어오른다.
:: 얼음물로 찜질한다.
:: 의식을 잃은 상태라면 곧바로 병원으로 옮긴다.

개는 화상을 입어도 수포가 잘 생기지 않기 때문에 상처를 발견하는 것이 쉽지 않다. 특히 털이 긴 개는 더욱 어렵다. 난방기구를 사용할 때는 털에 불이 붙지 않도록 조심한다.

털에 뜨거운 수증기나 기름, 그리고 불이 붙으면 화상이 넓게 퍼져 나간다. 얼음물로 빨갛게 부어오른 곳을 찜질하고 병원으로 데리고 간다. 얼음물은 비닐봉투에 얼음과 물을 넣어 얼음 대신 사용한다.

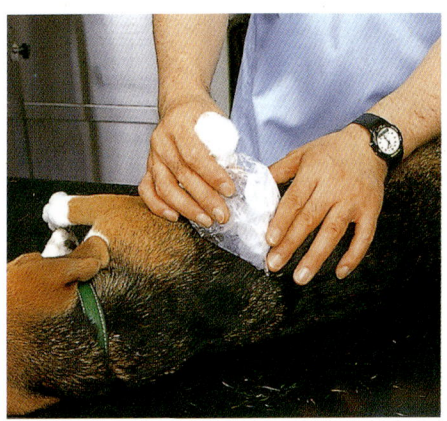

Part 03   수의사에게 배우는 응급처치

열 사 병

환기가 되지 않는 밀폐된 차나 방 안에 개를 두고 장시간 방치하면 열사병에 걸린다. 호흡이 빨라지고, 침을 흘리며, 의식이 몽롱해지고, 휘청거리며 걸어다니지 못하는 증세가 나타난다. 곧바로 시원한 곳으로 옮기고 몸에 물을 끼얹어 식혀주는데, 개가 안정을 찾아도 나중에 다른 증세가 나타날 수 있으므로 병원에 데리고 가야 한다.

개는 더위에 약하므로 그에 대비해 만반의 준비를 해둔다. 여름날 뙤약볕에서 운동과 산책하는 것을 피하고 해지기 전후에 시킨다. 실내에 있을 때도 반드시 물을 준비해 놓고, 시판되고 있는 쿨매트 같은 것을 깔아주면 더위를 식히는 데 도움이 된다. 창문은 반드시 열어두는데, 두 개 정도 열어두면 맞바람이 불어 한층 시원하다.

point
:: 기르는 주인의 부주의가 원인이다.
:: 서늘한 곳으로 옮긴다.
:: 몸을 차갑게 한다.
:: 밀폐된 장소를 피한다.
:: 회복하더라도 병원으로 데려간다.

01 물을 끼얹는다
시원한 장소로 옮기고 몸에 물을 끼얹는다. 물을 끼얹은 뒤 물을 먹이면 체온이 내려간다.

02 물에 젖은 수건으로 감싸준다
개의 몸을 물에 젖은 타월로 감싸두는 것도 효과적이다. 그러나 타월은 열을 흡수하기 때문에 자주 바꿔주어야 한다.

이물질을 먹었을 때

자주 토할 것 같으면 입 속을 살펴본다. 위턱과 아래턱을 잡고 입을 벌린 뒤, 막힌 것이 보이면 핀셋으로 끄집어낸다.

중독 증세를 일으키는 것(144p. 참조)을 먹었을 때는 소금물이나 옥시돌(약 1.5~3.5퍼센트의 과산화수소 수용액)을 입 끝에 조금씩 흘려 넣으면 토하기 시작한다. 화학약품을 먹었을 때는 식도에 상처가 날 우려가 있으므로 조심하고, 수의사에게 어떤 처치가 필요한지 미리 지시를 받는다.

방 안에는 개가 먹으면 위험한 물건이 많이 있다. 골프공처럼 목으로 넘어갈 수 있는 작은 공, 담배꽁초, 사람이 먹는 약, 방향제, 냄새제거제, 배터리, 비닐봉투 등등. 또한 관엽식물, 특히 독성을 가진 포인세티아는 개가 호기심으로 먹는 일이 있으므로 더욱 주의한다.

point
:: 토하게 한다.
:: 입을 열게 한 뒤 이물질을 꺼낸다.
:: 입 안에 넣을 만한 물건은 주변에 놓아두지 않는다.
:: 중독을 일으킬 만한 물건은 놓아두지 않는다.

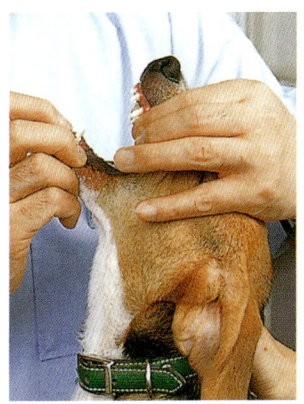

01 이물질이 보이는지 확인한다

입을 벌리게 하고 목에 걸린 것이 없는지 확인한다. 입술 양끝을 엄지손가락과 검지손가락으로 강하게 누르면 자연스럽게 입이 벌어진다.

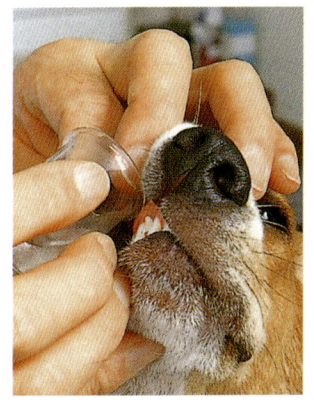

02 옥시돌을 입 안으로 흘려 넣는다

입 끝에 있는 구멍으로 그 곳으로 옥시돌을 조금씩 흘려 넣는다.

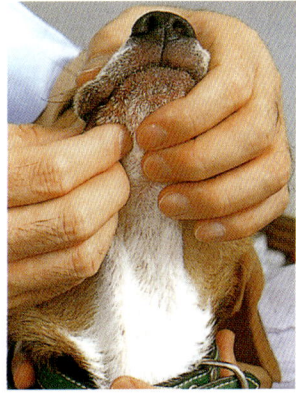

03 마시게 한다

입을 다물게 한 뒤 머리를 위로 올려 약이 목으로 흘러 들어가게 한다. 몇 차례 반복하면 위 안에 있는 물질을 토하기 시작한다.

Part 03　　수의사에게 배우는 응급처치

경련

갑자기 쓰러져 다리를 덜덜 떨고, 입을 빠끔빠끔 벌리며, 몸이 굳어 있지만 이따금 바르르 움직인다. 이런 상태일 때 함부로 개를 만지거나 누르면 위험하다. 개가 진정될 때까지 기다리며, 그 동안에는 부딪쳐서 다치지 않도록 주위에 있는 물건을 옮겨놓고, 개목걸이와 목줄을 풀어준다.

좀 진정되면 호흡을 제대로 하는지(15p. 참조) 확인한다. 발작 후 15분간 개는 의식이 혼란스러운 상태이기 때문에 만지는 것을 자제한다. 경련증세를 보이면 그것이 온몸에서 일어나는지, 부분적으로 일어나는지, 또한 연속적으로 일어나는지, 간격을 두고 일어나는지 확인한다. 또 최근 머리를 세게 부딪친 적은 없었는지 생각해본다. 외적인 원인이 없다면 숨겨진 병이 있을 가능성도 있다.

point
:: 마실 것을 주지 않는다.
:: 발작 중인 개는 만지지 않는다.
:: 회복하더라도 병원으로 데려간다.

01 개 주변에 있는 물건을 치운다
의자나 가구의 모서리에 머리나 몸을 부딪칠 위험이 있으므로 개 주위의 물건을 옮긴다.

02 호흡상태를 확인한다
호흡이 정지해 있는지, 심장이 뛰고 있는지, 입으로 숨을 쉬고 있는지 등을 확인한다.

벌레 물림

애견과 산이나 강, 바다에서 야영을 하며 보내는 시간이 많아졌다. 그러나 야외에서는 벌레 물림에 유의해야 한다. 벌, 말벌, 등에, 지네, 독나방, 진드기, 해파리 등의 위험한 벌레가 많이 있기 때문이다.

일단 물리면 물린 곳을 개가 맹렬하게 핥거나 비벼서 그 부위가 빨갛게 부어오른다. 개가 물렸다고 생각되면 먼저 물린 부위를 확인한다. 벌에 쏘였을 때는 핀셋으로 침을 뽑아낸 다음 부어오른 곳을 얼음으로 찜질해준다.

덤불이나 풀숲, 잔디밭이나 숲 속에 들어갔다 나왔을 때는 반드시 개의 몸을 점검한다. 빗질로 더러운 것을 털어내고 기생충과 그 알을 제거한다. 진드기나 발가락 사이에 벌레가 들어 있을 수도 있으므로 몸을 자세히 살펴본다.

point
:: 물린 부위를 주의 깊게 살펴본다.
:: 벌침을 뽑아낸다.
:: 쇼크상태일 때는 즉시 병원으로 옮긴다.
:: 얼음으로 찜질한다.

침을 뽑는다

핀셋으로 벌침을 뽑아낸다.
개가 흥분하지 않도록 눈을 감기고 입을 누른다.

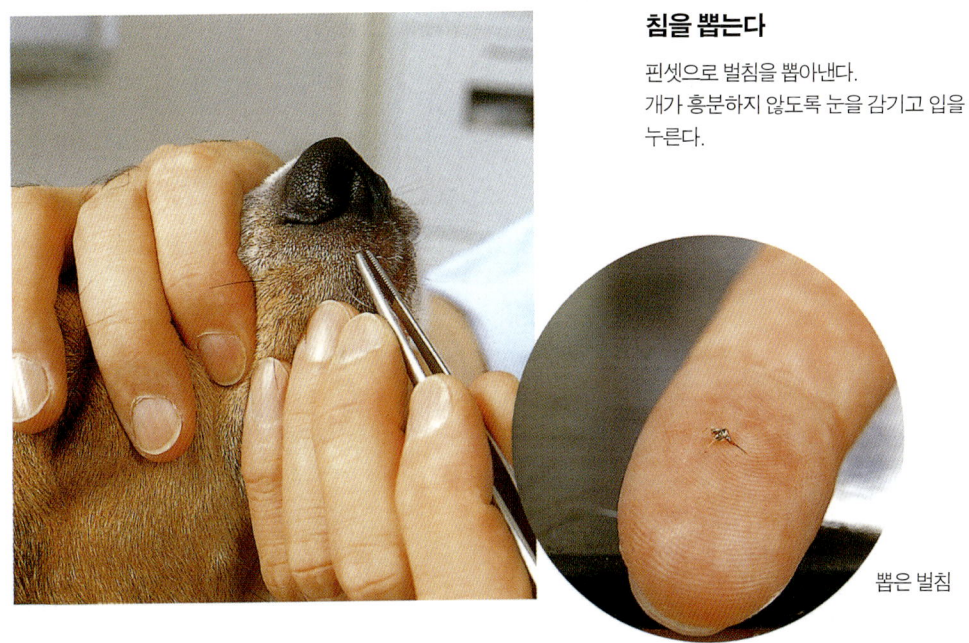

뽑은 벌침

Part 03 수의사에게 배우는 응급처치

물에 빠졌을 때

개는 헤엄을 잘 치지만, 바다나 강에서는 센 물살과 파도에 휩쓸려 물에 빠지는 경우가 있다. 소형견은 가정의 욕실에서 놀다가 욕조에 떨어져 나오지 못하고 물에 빠지기도 한다.

물에서 구해낸 뒤엔 곧바로 물을 토하게 한다. 소형견은 거꾸로 안아 물을 토하게 하고, 중형견이나 대형견은 몸을 기울여 물을 토하게 한다.

폐 속에 물이 들어 있으면 다른 병에 쉽게 걸릴 수 있으므로, 토하게 한 다음에는 즉시 병원으로 데리고 간다.

point
:: 가정의 욕실도 주의한다.
:: 물을 토하게 한다.
:: 소형견은 거꾸로 안는다.
:: 대형견은 몸을 기울여준다.
:: 즉시 병원으로 옮긴다.

구조방법

01 A 판자나 막대기를 주어 붙잡게 한다

손이 닿을 정도로 가까운 거리면 판자나 막대기를 개에게 내밀어 붙잡게 한다.

01 B 물에 뜨는 것을 던져준다

튜브같이 물에 뜨는 것을 개 근처로 던져 붙잡게 한다.

02 거꾸로 안아 물을 토하게 한다

개의 허리를 손으로 잡고 거꾸로 안는다. 조금 흔들면 먹은 물을 토한다.

애견이 쓰러져 있다면……

구조할 때 응급조치방법을 익히자

01 의식은 있는가
개의 이름을 불러서 반응하는지, 눈은 뜨고 있는지, 몸을 움직이려고 하는지 등을 확인한다.
반응이 없다 ⋯▸ 쇼크시의 응급조치 162p.

02 맥박이 뛰고 있는가
뒷다리에 손을 대어 맥박이 뛰고 있는지 확인한다.
맥박이 뛰지 않는다 ⋯▸ 심폐소생법 162p.

03 숨을 쉬고 있는가
코와 입 근처에 손을 대고 숨을 쉬고 있는지 확인한다.
숨을 쉬지 않는다 ⋯▸ 인공호흡법 162p.

04 출혈이 있는가
피가 나는 곳은 없는지 몸을 살펴본다.
출혈이 있다 ⋯▸ 지혈 154p.

05 골절된 곳은 없는가
몸을 살펴보아 뼈가 튀어나온 곳은 없는지, 불편해하는 곳은 없는지 확인한다.
골절되었다 ⋯▸ 골절 152p.

Part 03 수의사에게 배우는 응급처치

쇼크시의 응급조치

개를 옆으로 눕혀 머리를 똑바로 한다. 기도에 공기가 잘 통하도록 개의 입을 벌려 혀를 잡아 빼낸다. 이것을 기도 확보라고 한다.

인공호흡법

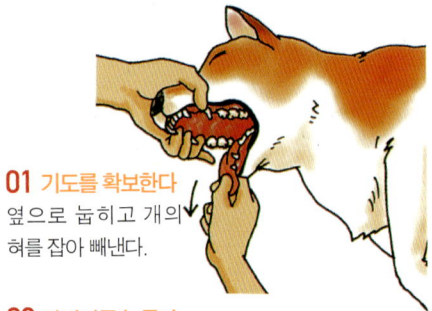

01 기도를 확보한다
옆으로 눕히고 개의 혀를 잡아 빼낸다.

02 갈비뼈를 누른다
양손바닥으로 갈비뼈를 강하게 눌렀다가 바로 힘을 푼다. 이 동작을 반복한다. 소형견은 손가락 끝으로, 중형견은 손가락을 오므린 채로, 대형견은 손가락을 편 채로 한다.

03 숨을 불어넣는다
개의 코에 숨을 불어넣는다. 개가 스스로 숨을 쉴 때까지 반복한다.

심폐소생법

01 기도를 확보한다
옆으로 눕혀 혀를 잡아 빼낸다.

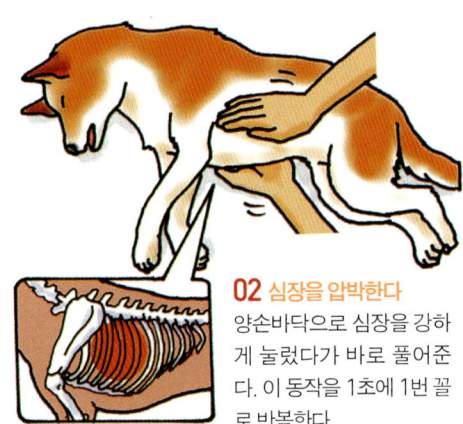

02 심장을 압박한다
양손바닥으로 심장을 강하게 눌렀다가 바로 풀어준다. 이 동작을 1초에 1번 꼴로 반복한다.

03 맥박이 되돌아오지 않으면 심장압박과 인공호흡을 반복한다
개의 코를 잡고 입을 닫게 한다. 개의 코로 숨을 불어넣는다.

Part 04
애견 종류별 손질법

Part 04 | ❋ | 애견 종류별 손질법

Golden Retriever | 골든 리트리버

피부병과
귓병을
조심하자

data | Golden Retriever

원산지 | 영국(스코틀랜드)
키 | 수캐 56~61cm
　　　암캐 51~56cm

➕ 걸리기 쉬운 질병

피부병 60p.
외이염 71p.
백내장 76p.
고관절 형성부전 102p.

골든 리트리버의 손질법

귓속의 오물을 털어낸다

치렁치렁한 황금빛 털은 골든 리트리버의 큰 매력 중 하나. 아름다운 털을 보호하기 위해 매일 브러싱 하는 것을 잊지 말아야 한다. 브러싱을 게을리 하면 피부염을 일으킬 가능성이 있다. 고칼로리에 고지방 음식물, 비위생적이고 통기성이 나쁜 환경 역시 피부염을 일으키는 원인이다.

피부병 외에 주의할 것은 귀의 병이다. 귀가 밑으로 처져 있기 때문에 귓속이 털에 덮여 짓무르며, 귀지가 쉽게 쌓여 외이염에 잘 걸린다. 1주일에 1번 귀 청소하는 것을 잊지 말자. 이때 귀 로션을 면봉이나 탈지면에 묻혀 귓속의 오물을 털어내는데, 강아지 때부터 손질하여 익숙해지면 귀 청소나 브러싱도 스킨십의 하나로 받아들이게 된다.

골든 리트리버는 특히 고관절 형성부전에 잘 걸리는 개이므로, 모견과 부견의 발병 여부를 확인해두면 좋다. 골격이 제대로 형성되지 않은 강아지의 경우 허리와 다리에 부담이 가지 않도록 매사에 신경 써야 한다.

골든 리트리버의 성격은?

골든 리트리버가 오늘날까지 사람들의 사랑을 받아온 이유는 '사람에 대한 붙임성' 때문일 것이다. 항상 주위를 살피는 차분한 성격에, 결코 사람을 지루하게 만들지 않아 가족과 함께 살기에 적합한 개이다.

이런 성격의 배경에 신뢰할 수 있는 운반견으로서의 역사가 있듯, 골든 리트리버는 순종적이고 온화하며 참을성이 강하다. 또 성격이 밝아서 스킨십을 아주 좋아한다.

Part 04 | 애견 종류별 손질법

Labrador Retriever | 래브라도 리트리버

귀와 털은
꼼꼼하게 손질하자

data | Labrador Retriever

원산지 | 영국
키 | 수캐 56~62cm
　　　암캐 54~59cm

> ✚ **걸리기 쉬운 질병**
>
> 백내장 76p.
> 고관절 형성부전 102p.
> 당뇨병 137p.

래브라도 리트리버의 손질법

일주일에 한 번 정도 귀 청소를 한다

래브라도와 같이 처진 귀를 갖고 있는 개는 통기성이 좋지 않으므로 귀 손질을 게을리 해서는 안 된다. 매일 쓰다듬어주면서 귓구멍을 관찰해 더러운 것이 없는지 확인하고, 귀 로션을 바른 면봉이나 탈지면으로 귀지를 제거한다.

귀 청소 횟수는 일주일에 한 번 정도가 적당하다.

털 손질은 매일 빠뜨리지 않는다. 개는 털갈이 시기가 오면 털이 많이 빠지는데, 이를 방치하면 털이 뭉쳐서 피부병의 원인이 되므로 특히 세심하게 손질해준다. 슬리커 브러시를 사용하면 빠진 털을 모두 제거할 수 있다.

자칫 비만해지기 쉬우므로 음식물 관리를 철저하게 한다.

래브라도 리트리버의 성격은?

원래 사냥개로 활약했던 래브라도 리트리버는 지능이 높고 후각이 예민하다. 뿐만 아니라 다양한 능력을 인정받아 현재는 맹도견, 경찰견, 마약수사견, 구조견 등으로 폭넓게 활약하고 있다.

주인의 표정변화를 정확하게 판단하는 능력과 주인을 지키려는 충성심이 있으며, 용감무쌍하고, 길들이기 쉽다. 실로 만능견이라고 할 수 있다.

Part 04 | 애견 종류별 손질법

Shiba | 시바

data | Shiba

원산지 | 일본(혼슈 및 시코쿠의 산악지대)
키 | 수캐 40cm, 암캐 37cm
   (암수 모두 큰 개와 작은 개의 키 차이는
   최대 1.5cm이다)

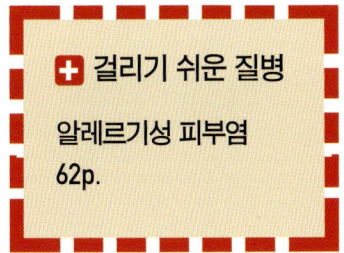

➕ 걸리기 쉬운 질병

알레르기성 피부염
62p.

시바의 손질법

수건으로 닦아 혈액순환을 좋게 해준다

기본적으로 시바는 건강한 개이다. 단, 평소의 손질과 청결한 환경을 만들어주는 것이 필요하다.

일상적인 손질로 산책에서 돌아온 뒤에는 슬리커 브러시로 오물과 빠진 털을 제거해주고, 미지근한 물에 적신 수건을 꼭 짜서 몸을 닦아준다. 이렇게 하면 혈액순환이 좋아지며 털에 윤기를 주는 효과가 있다. 봄·가을의 털갈이 시기, 즉 환모기에는 특히 피부병 예방을 위해 브러싱 하는 것을 잊지 말아야 한다. 또 정기적으로 거즈나 칫솔로 치구를 닦아내 이를 건강하게 유지시켜주는 것도 중요하다.

시바는 활동적이고 운동을 좋아하여 밖에 데리고 나가면 좋아서 뛰어다니거나 풀숲에 뛰어들기도 한다. 그럴 때는 몸의 털이나 발바닥, 꼬리에 진드기나 벼룩 같은 외부기생충이 들러붙을 수 있다.

외출하고 돌아온 뒤에는 반드시 몸을 꼼꼼하게 검사한다. 이 때 털은 잘 살펴도 발뒤꿈치 같은 곳은 그냥 지나치기 쉬운데, 발가락과 발톱 사이는 기생충이나 먼지가 쉽게 끼므로 주의해서 살펴봐야 한다.

또한 눈곱도 잘 끼므로 1주일에 1번은 눈 주위를 점검하여 눈곱을 닦아낸다.

시바의 성격은?

시바는 일본의 개 중에서 가장 몸집이 작다. 그러나 예리하고 사나운 용모를 갖고 있으며, 특히 늠름한 옆얼굴은 사람들의 마음을 사로잡는다.

일찍이 작은 사냥개로서 일본인의 생활과 깊은 관련을 맺어왔으며, 그 때문에 아주 영리하고 순종적이며 용감하다. 아주 복잡한 성격을 가진 개라고 할 수 있다.

또 주인에게 충실하여 주인 이외의 사람은 쉽게 따르지 않으며, 강한 경계심을 나타낸다.

산책 후에는
슬리커 브러시로
오물을 털어낸다

Part 04 | 애견 종류별 손질법

Shetland Sheepdog | 셰틀랜드 십독

털 뭉침 방지가
피부병 예방의
최선책이다

data | Shetland Sheepdog

원산지 | 영국(셰틀랜드 제도)
키 | 수캐와 암캐 모두 33~41cm

> ✚ **걸리기 쉬운 질병**
>
> 코의 일광성 피부염
> (자외선 알레르기)
> 62p.
> 백내장 76p.
> 고관절 형성부전
> 102p.

셰틀랜드 십독의 손질법

강한 자외선에 주의한다

셰틀랜드 십독의 털은 거친 윗털과 부드러운 아랫털의 이중 털로 이루어져 있다.

아랫털은 뭉치기 쉽기 때문에 주의가 필요하다.

특히 귀 뒤, 가슴, 배, 허리 부분은 털이 쉽게 뭉치므로 매일 정성껏 빗겨주어야 한다.

브러싱은 혈액순환을 좋게 하고 피부병을 예방하는 효과도 있다.

셰틀랜드 십독은 운동을 매우 좋아하기 때문에 산책시간을 좀 길게 갖는 것이 좋다. 단, 아스팔트 위에서만 달리게 하면 뼈나 발목에 부담이 갈 수 있으므로, 흙이나 풀 위에서 자유롭게 뛰놀게 한다면 그야말로 금상첨화.

강한 자외선을 받으면 염증이 생기는 일광성 피부염이 발생하기 쉬우므로 코 주위의 피부는 꼼꼼하게 살펴본다.

셰틀랜드 십독의 성격은?

스코틀랜드 북부의 셰틀랜드 제도가 원산지인 셰틀랜드 십독은 이 지역의 작은 소와 말, 양과 같은 가축을 지키는 파수견으로 활약했던 탓에 몸이 작아졌다는 추측이 지배적이다.

오랫동안 인간을 위해 일해왔던 개인 만큼 아주 순종적이고 영리하며 고분고분한 성격을 갖고 있다. 따라서 길들이기 쉬워 애완견으로도 매우 적당하다.

Part 04 | ❄ | 애견 종류별 손질법

Dachshund | 닥스훈트

data | Dachshund

원산지 | 독일
키(스탠더드) | 수캐 23~27cm, 암캐 21~24cm
체중(스탠더드) | 수캐 7kg 이상, 암캐 6.5kg 이상
　　　　　　　이상적인 몸무게는 9~12kg
체중(미니어처) | 수캐와 암캐 모두 생후 12개월을 넘겨도
　　　　　　　체중은 4.8kg가 상한선

> **걸리기 쉬운 질병**
>
> 각막염 75p.
> 백내장 76p.
> 추간판 헤르니아 101p.
> 당뇨병 137p.

닥스훈트의 손질법

귓속을 부지런히 점검한다

닥스훈트는 귀가 축 처져 있어 귓속이 짓무르기 쉬워 귀진드기가 잘 번식하기 때문에 외이염과 같은 귓병이 생길 우려가 있다. 자주 귀를 들여다보며 상태를 점검하고, 귀지가 쌓여 있으면 면봉이나 탈지면으로 부드럽게 파서 제거해준다.

운동을 시킬 때는 등에 부담이 가지 않도록 주의한다. 무리한 점프는 허리를 상하게 하는 원인이다. 발목이나 등에 부담을 주지 않고 전신운동을 할 수 있는 수영이 최고의 운동이다. 강아지 때부터 수영을 할 수 있게 해준다.

닥스훈트의 성격은?

긴 몸통에 짧은 다리를 가진 애교 많은 스타일이 매력적인 닥스훈트. 그러나 이 유머러스한 모습은 실용성 때문이었다. 수렵견으로 활약했던 개였기 때문에 빼곡한 덤불이나 오소리 둥지 등에 기어들어가기 위해서는 이런 체형이 유리했던 것이다.

성격이 장난스럽고 밝아 주위를 재미있게 만드는 매력을 갖고 있다. 또한 수렵견으로 활약했기 때문에 판단력이 있고 자신에게 주어진 상황을 잘 파악하는데, 이 역시 매력의 하나로 꼽을 수 있지 않을까.

무리한 점프는
관절을 상하게 한다

Pomeranian | 포메라니안

data | Pomeranian

원산지 | 포메라니아 지방(독일 동부 및 포틀랜드 서부에 걸쳐 있는 지방)
키 | 수캐와 암캐 모두 20cm 내외
체중 | 이상적인 체중은 1.3~3.2kg에서 1.8~2.3kg이다

➕ 걸리기 쉬운 질병

승모판 폐쇄부전증 107p.

기관허탈 111p.

자궁축농증 129p.

포메라니안의 성격은?

포메라니안의 매력은 풍성한 털과 귀염성 있는 얼굴이다. 소형견 애호가들 사이에서 변함없는 인기를 누리고 있다.

한편 귀여운 외모를 봐서는 전혀 상상할 수 없을 만큼 덩치 큰 개 앞에서도 절대로 기가 죽지 않는 두둑한 배짱이 있다. 그 배짱 덕분인지 흥행견으로도 활약하고 있다.

물론 가정용 애완견으로서도 적합하다. 영리하고 활발하며 솔직한 성격이 많은 사람들에게 사랑 받기에 충분하다. 또한 서비스정신도 강한 개이다.

포메라니안의 손질법

더위에 약하기 때문에 산책은 서늘한 시간이 좋다

털 속에 숨어 있는 몸이 의외로 가냘프다. 특히 다리가 가늘고 뼈가 약하기 때문에 작은 충격에도 골절을 당하곤 한다. 또한 비만은 다리에 부담을 줘 탈구의 원인이 되기 때문에 반드시 주의한다.

포메라니안은 일반적으로 입이 짧은 개이기 때문에 적은 양으로도 영양을 골고루 공급할 수 있는 음식물을 준다. 개사료를 중심으로 주는 것이 가장 좋다.

또한 풍성한 털이 몸을 뒤덮고 있기 때문에 더위에 약한 편이다. 여름에 산책할 때는 서늘해진 후가 좋다.

털은 매일 10~15분 정도 정성껏 브러싱 하여 손질해준다. 제대로 해주지 않으면 피부가 짓물러 피부병에 걸린다. 아름다운 털을 보호하기 위해서도 매일 손질하는 것을 잊지 말자.

털이 많다는 이유로 더울 때면 털갈이와 유사한 서머 커트(Summer cut)를 해주는 사람이 많은 것 같다. 그러나 본래 있어야 하는 털을 잘라버리면 몸의 생태리듬이 깨져 쉽게 병에 걸린다. 털은 절대로 필요 이상으로 짧게 잘라서는 안 된다.

작은 충격에도 쉽게 골절을 입는다

Part 04　　애견 종류별 손질법

Shih-Tzu ｜ 시추

data ｜ Shih-Tzu

원산지 ｜ 중국
키 ｜ 수캐과 암캐 모두 27cm 이하
체중 ｜ 수캐와 암캐 모두 8kg 이하
　　　이상적인 체중 4~7kg

> ➕ **걸리기 쉬운 질병**
>
> 알레르기성 피부염 62p.
> 결막염 75p.
> 쿠싱증후군 138p.

시추의 성격은?

원래 시추는 티베트 사원에서 중국 황제에게 바치는 공물로 증정되었다고 한다. 고매한 사람들에게 총애를 받아온 탓에 거만하면서 명랑한 성격을 갖고 있다.

활기 넘치고 단정하며 잘 자라는 개이기 때문에 일반 가정에서도 사랑받고 있다. 자존심이 강하지만 애정표현이 풍부하고 사람을 잘 따르는 편이어서 누구와도 사이좋게 지낸다. 이것이 최대의 매력.

시추의 손질법

귀 청소는 정기적으로 해준다

아름다운 털을 갖고 있기 때문에 매일 브러싱을 해주어야 한다. 또 털이 촘촘하게 자라므로 10일에 한 번은 감겨줘야 한다. 감긴 후에는 피부병을 방지하기 위해 비듬기를 완전히 제거한다.

귀가 축 처진데다 귓속이 털로 덮여 있어 쉽게 짓무르고 귀지가 잘 쌓이므로 정기적으로 귀 청소를 해준다.

또한 매력포인트인 큰 눈은 결막염에 걸리기 쉽기 때문에 충혈된 것 같으면 서둘러 동물병원에 데리고 간다.

털이 많을 뿐만 아니라 털이 코를 중심으로 국화꽃처럼 자라기 때문에 눈에 트러블이 많은 편이다. 때문에 자주 눈물이 나고 눈곱이 생겨 눈이 충혈되고 염증이 생긴다.

눈 주위의 털은 가능하면 짧게 잘라준다. 털을 길게 해주고 싶으면 눈 주위의 털을 조금씩 나눠 묶어두면 좋다.

또 음식물 찌꺼기가 붙으면 잡균이 번식하기 쉬우므로 음식물을 준 뒤에는 반드시 입 주위를 점검한다.

눈이 크기 때문에 눈병을 특히 주의한다

Part 04　　✿　　애견 종류별 손질법

Maltese | 말티즈

data | Maltese

원산지 | 몰타
체중 | 수캐와 암캐 모두 3.2kg 이하
　　　이상적인 체중 2.5kg

➕ 걸리기 쉬운 질병

외이염 71p.

승모판 폐쇄부전증 107p.

수두증 141p.

말티즈의 성격은?

순백의 비단같이 아름다운 털은 말티즈의 트레이드 마크이다. 귀부인들 품에 안겨 있는 말티즈는 움직이는 보석이라고 칭송받으며 장식품의 일부로 여겨질 정도이다.

건강한데다 기억력이 좋고 성격이 명랑하며, 애완견으로서도 사람들의 애정을 듬뿍 받고 있다. 주인과 함께 있는 것을 아주 좋아하며, 어리광을 잘 부린다.

머리가 좋고 순종적이기 때문에 훈련을 잘 받는다.

말티즈의 손질법

청결하고 통풍이 잘 되는 좋은 환경을

말티즈는 더위와 습기에 매우 약해 건강이 나빠지면 피부와 털에 즉각 반응이 나타난다. 매일 손질하면서 변화가 없는지 잘 관찰하는 것이 무엇보다 중요하다.

또한 병을 예방하기 위해서는 청결하고, 통풍이 잘 되며, 습기가 적은 환경을 만들어주어야 한다.

폭신폭신한 순백의 털은 말티즈의 큰 매력 중 하나. 매일 손질하는 것을 잊지 말아야 한다.

털이 가늘어 잘 끊어지고 뭉치므로 반드시 브러싱을 해야 하며, 샴푸도 열흘이나 보름에 1번은 해주어야 한다.

또한 쉽게 더러워지는 눈 주위나 입가는 그 때마다 젖은 수건으로 닦아준다. 더러운 상태로 방치하면 털이 갈색으로 변해버린다. 힘들게 관리해온 흰털이 지저분해지므로 청결을 유지하는 것이 중요하다.

자주 더러워지는 눈가와 입가를 청결하게

Part 04 | 애견 종류별 손질법

Welsh Corgi Pembroke | 웰시 코기 펨브로크

발병의 원인, 비만에 주의해야

data | Welsh Corgi Pembroke

원산지 | 영국
키 | 수캐와 암캐 모두 20~30.5cm
체중 | 10~13.5kg

> **걸리기 쉬운 질병**
>
> 피부병 60p.
> 녹내장 76p.
> 추간판 헤르니아 101p.
> 고관절 형성부전증 102p.
> 요로결석 126p.

웰시 코기 펨브로크의 손질법

고칼로리 음식물은 주지 않는다

살이 잘 찌는 타입이라는 것이 흠이라면 흠. 먹고 싶어한다고 음식물을 다 주면 곧 비만으로 이어진다. 지나치게 살이 찌면 등뼈와 고관절에 부담을 줄 뿐만 아니라 내장질환을 일으키는 원인이 되기도 한다.

사람이 먹는 음식물은 대개 맛이 진하고 칼로리가 높은 편이라 주다 보면 습관이 되므로 절대 금물이다. 저칼로리에, 영양이 균형 있는 음식물을 준다.

반면에 손질은 대단히 간단한 편이다. 그러나 피부상태를 점검하기 위해서 브러싱만은 잊지 말아야 한다. 귀, 손, 발톱, 이, 꼬리 주변의 더러움은 항상 점검한다.

한편 활동적인 개이기 때문에 점프도 어느 정도 할 수 있지만, 강아지일 때는 절대 시키지 않는다. 아직 뼈가 제대로 발달하지 않은 상태이기 때문에 관절의 통증을 호소할 수도 있다. 심한 운동은 성견이 된 후로 미룬다.

웰시 코기 펨브로크의 성격은?

'다리는 짧지만 힘이 장사다' 라고 평가받는 웰시 코기 펨브로크. 자기보다 큰 소를 상대로 쫓아다니거나 철책 속으로 몰아넣는 가축몰이개로 일했던 경력이 있는 만큼 대담성과 침착성을 겸비하고 있다.

주인에게 충실하고 누구에게나 정이 많다. 또한 명랑하고 활발한 성격이라 결코 주인을 지루하게 하지 않는다.

반면에 자립심이 왕성해 자신의 영역을 지키는 일에는 신경을 곤두세운다.

Part 04 | 애견 종류별 손질법

Beagle | 비글

➕ 걸리기 쉬운 질병

알레르기성 피부염 62p.
백내장 76p.
녹내장 76p.
디스템퍼 88p.
간질 141p.

data | Beagle

원산지 | 영국
키 | 수캐와 암캐 모두 33~38cm

비글의 손질법

기본적으로 건강한 개이다. 주의해야 할 것은 음식 관리. 식욕이 왕성하여 주는 대로 먹어버리므로 비만에 각별히 신경 써야 한다.

몸을 움직이기를 좋아하므로 노는 시간을 충분히 준다. 단, 하체에 부담을 주지 않는 땅이나 잔디 위에서 놀게 한다.

매력 포인트인 축 늘어진 귀는 귀지가 쌓이기 쉬운 부분. 손질을 게을리 하면 세균이 번식하여 중이염이나 외이염으로 고생할 수 있다. 정기적으로 점검해 더러워질 때마다 귀 로션을 사용해 귀를 청소해준다.

또 산책 뒤에는 반드시 브러싱을 해 털에 붙은 먼지나 불순물을 제거해준다. 피지가 잘 생기기 때문에 항상 청결을 유지하도록 신경 쓴다.

비글의 성격은?

신경을 자극하는 냄새가 나면 쫓아다니고 싶어 안달을 하는 호기심이 왕성한 개이다. 수렵용 개로 활약하면서 명성을 떨치던 자립심과 강한 의지를 여전히 가지고 있다. 또한 활발함과 원기도 충분히 갖고 있다.

수렵견으로서뿐 아니라 오늘날에는 가정용 애완견으로 사랑받고 있는데, 그것은 명랑하고 유머러스한 성격 때문이다. 총명한데다 노는 것에도 반응을 보이는 어린아이 같은 천진함이 결코 빼놓을 수 없는 매력 포인트의 하나이다.

Part 04　　　　애견 종류별 손질법

Chihuahua | 치와와

data | Chihuahua

원산지 | 중·북미 대륙(미국, 멕시코)
체중 | 수캐와 암캐 모두 2.7kg 이하
　　　이상적인 체중 1~1.8kg

🛨 걸리기 쉬운 질병

건성 각막염 75p.
심실중격 결손증 108p.
기관허탈 111p.
수두증 141p.

치와와의 성격은?

세계에서 가장 작은 개로 많은 사람들의 사랑을 받고 있다. 몸이 주머니에 넣을 수 있을 정도로 작지만, 큰 개 앞에서도 전혀 꿈쩍하지 않는 대범함이 있다. 이 역시 매력의 하나. 자의식이 강하고 호기심이 왕성한데다 주의력이 민감해 다소 신경질적인 면도 있다.

초소형견이라 짖는 소리도 작고 운동량이 별로 필요하지 않기 때문에 집 안에서 키울 애완견을 원하는 사람들에게 가장 잘 맞는다.

치와와의 손질법

묽은 변이 계속되면 위험신호이다

치와와는 추위에 약한 개이다. 추워지면 애견용 히터나 전기방석에 수건을 씌워 따뜻하게 해준다. 연간 실온은 23~25℃가 가장 적당하다.

튼튼한 개에 비해 체력적인 면을 배려해야 하므로 건강관리에 만전을 기한다. 몸의 변화는 대변을 통해 즉각 나타나므로 매일 점검하는 것을 잊지 않는다. 지속적으로 묽은 변을 보는 것은 건강에 대한 위험신호이다. 재빨리 동물병원에 데리고 간다.

또한 눈이 크고 앞으로 툭 튀어나와 있기 때문에 눈 건강에도 주의가 필요하다. 앞발로 눈을 비비거나 눈곱과 눈 색깔에 변화가 생겼을 때는 곧바로 진찰을 받는다.

강아지 때는 머리나 관절, 그리고 등뼈에 부담이 가지 않도록 신경 쓴다. 특히 머리가 충격에 약하므로 달리다 부딪치거나 계단 또는 의자에서 떨어지면 매우 위험하다.

높은 곳에는 올라가지 못하게 하고, 가구의 모서리에 쿠션을 대는 등 안전대책을 마련한다.

앞으로 튀어나온 큰 눈, 평소 꾸준한 눈병 점검을!

Part 04 | 애견 종류별 손질법

Papillon | 파피용

data | Papillon

원산지 | 유럽(프랑스, 벨기에)
키 | 수캐와 암캐 모두 20~28cm

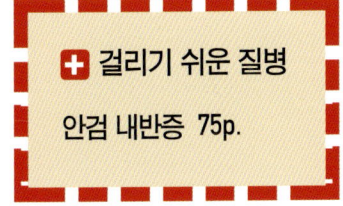

걸리기 쉬운 질병
안검 내반증 75p.

파피용의 손질법

스킨십을 듬뿍 주도록

사람과 함께 있는 것을 아주 좋아하는 파피용. 혼자 두는 시간이 길어지면 스트레스를 받는다.

평소 스킨십을 하는 시간을 자주 갖는다.

부드럽고 아름다운 털은 파피용의 트레이드 마크. 손질이 만만해 보이지 않지만 실제로는 그다지 힘들지 않다. 매일 브러싱 하는 것을 잊지 말고, 샴푸는 1달에 1번 정도가 적당하다.

피부병 예방을 위해서도 벼룩이나 진드기에 대한 대책을 게을리해서는 안 된다.

덩치가 작지만 대단히 활달한 성격을 갖고 있다. 운동을 매우 좋아해 어떤 스포츠든 적극적으로 한다. 그러나 기운이 너무 좋은 나머지 다른 개들과 자주 싸움을 하는 경향이 있다.

특히 계단이나 테이블 등 높은 곳을 무서워하지 않고 뛰어내리기도 한다. 혼자서 집을 지키게 할 때는 자유롭게 풀어두지 않는 것이 바람직하며, 위험한 물건은 정돈해둔다.

눈 주위의 털은 눈에 들어가면 눈곱과 눈물이 생겨 염증을 일으키므로 자라면 바로 잘라준다.

파피용의 성격은?

일찍이 마리 앙투아네트에게 사랑받던 유서 깊은 애완견의 과거가 있는 개이다. 행동거지로도 작은 왕자의 풍모를 느낄 수 있을 만큼 단아하다.

몸이 가냘프게 보이지만 외모와 달리 건강하고 활달하다. 호기심이 많고 처음 보는 개와도 쉽게 친해진다. 물론 주인과의 스킨십과 대화도 아주 좋아한다. 사람의 말을 이해할 정도로 인지력이 좋다.

매일 브러싱하여
스트레스와 병으로부터
안전하게

Part 04 | ❋ | 애견 종류별 손질법

Poodle | 푸들

data | Poodle

원산지 | 프랑스, 중부 유럽
키 | 스탠더드 38cm
　　　미니어처 28~38cm
　　　토이 28cm 이하(26cm가 적당하다)

> **걸리기 쉬운 질병**
>
> 과민성 피부염 62p.
> 호르몬 이상에 의한
> 피부병 68p.
> 외이염 71p.

푸들의 손질법

쉽게 살찌는 경향이 있다

푸들은 아름다우나 연약해 보이는 외모와 달리 건강한 개이다. 단, 쉽게 살이 찌는 경향이 있다.

머리가 좋아서 한번 호사스러운 맛을 보면 그 음식만 찾는다. 살이 찌지 않도록 사람들이 먹는 음식은 주지 말고, 대신 영양가가 골고루 들어간 음식을 준다.

털 손질은 매일 2~3분의 브러싱만으로도 충분하다. 털이 엉키는 것을 막고, 또 혈행을 좋게 하기 위해서 브러싱은 하루도 빠뜨리지 말고 해준다.

털이 풍성하고 귀가 처져 있기 때문에 귓속이 쉽게 짓무른다. 부지런하게 귀를 청소하고 귓속의 털도 잘라준다.

푸들의 성격은?

영리한 개이기 때문에 사고뭉치가 되는 일이 거의 없는 편이다. 팔에 안고 다니는 애완견의 이미지와 달리 선천적으로 활달한 성격이다.

대단히 영리하고 순종적이며 충실하다. 가르치는 것을 술술 받아들인다. 주인을 기쁘게 하는 것을 좋아하는데, 그만큼의 재능도 갖추고 있다.

영리하면서도 편안한 성격, 이것이 오랫동안 사람들로부터 사랑받아온 이유가 아닐까.

영양이 골고루 들어 있는 음식을 준다

Part 04 애견 종류별 손질법

Yorkshire Terrier | 요크셔 테리어

data | Yorkshire Terrier

원산지 | 영국(요크셔)
키 | 수캐와 암캐 모두 3kg 이하
　　　이상적인 체중 2kg

> **✚ 걸리기 쉬운 질병**
>
> 승모판 폐쇄부전증 107p.
> 기관허탈 111p.

요크셔 테리어의 성격은?

소형견이면서 활발하고 이지적이다. 성격이 강하고 용감한 테리어의 정신도 계승하고 있다. '사람의 말을 알아들을까' 라는 의심이 들 정도로 이해력이 뛰어나고 경계심이 강한 것이 특징이다.

매력은 단연 비단 같은 윤기 있는 털. 조금 건방지다는 말을 들을 정도로 강한 자존심이 기품 넘치는 외모와 함께 사람들을 매료시켜온 이유라고 할 수 있다.

요크셔 테리어의 손질법

털을 조금씩 나누어 묶어준다

'움직이는 보석' 이라는 별칭이 붙을 정도로 아름답고 요염한 자태가 바로 요크셔 테리어의 매력이다. 그러나 긴 털을 아름답게 보호하기 위해서는 시간을 들여 손질해야 한다. 손질을 게을리 하면 더러워지고 털이 잘 뭉친다. 그 결과 털과 털 사이에 공기가 몰려 피부가 쉽게 짓무르고 피부병이 생긴다. 질병 예방을 위해서라도 털 손질은 절대적으로 필요하다.

털을 조금씩 나누어 묶으면(크리핑이라고 한다) 털이 끊어지는 것과 엉키는 것을 막을 수 있다. 그러나 크리핑을 한 채 그냥 놓아두면 먼지가 끼므로 정기적으로 샴푸와 브러싱으로 털의 먼지를 털어낸다.

브러싱은 더러움을 털어내고 피모와 피모 사이에 몰려 있는 공기를 제거하는 효과가 있으므로 각별히 신경을 써 매일 해준다.

활발한 개이므로 집 안에서 자유롭게 돌아다니는 것만으로도 운동량은 충분하다. 산책은 기분전환이나 사회성을 기르기 위한 시간이다. 주인과의 커뮤니케이션을 위한 시간을 겸해서라도 산책 시간을 갖는 것이 중요하다.

지저분한 털은 질병의 근원. 정성어린 손질을 해주자

감수 | 오가타 무네츠구(小方 宗次)
아자부 수의과대학(현 아자부대학) 대학원 석사과정 수료
일본 동물의료센터.
뉴욕 애니멀 메디컬센터를 거쳐,
현 아자부 대학 수의학 부속동물병원 · 소동물 부문장

주요저서 | 『소동물의 피부병』, 『애견 질병』

참고자료 |
『애견의 가정의학사전/小學館』
『개의 질병과 응급처치/河出書房新社』
『개의 질병백과/矢澤 사이언스오피스 發行, 유니버스 出版發賣』
『그림으로 보는 개의 질병/講談社』
『개의 종류와 질병/文永堂出版』
『JKC전국견종표준서 제9판/사단법인 재팬케넬그룹』

증세와 병명으로 찾는 애견 질병 사전

엮은이 | 일본 성미당출판
펴낸이 | 유재영
펴낸곳 | 그린홈
책임편집 | 이화진
표지디자인 | 전지영

1판 1쇄 | 2002년 12월 15일
1판 10쇄 | 2016년 7월 18일
출판등록 | 1987년 11월 27일 제10-149

주소 | 04083 서울 마포구 토정로 53 (합정동)
전화 | 324-6130, 324-6131 · 팩스 | 324-6135
E-메일 | dhsbook@hanmail.net
홈페이지 | www.donghaksa.co.kr
         www.green-home.co.kr

ISBN 89-7190-108-X 03520
● 잘못된 책은 바꾸어 드립니다.

Green Home은 자연과 함께 하는 건강한 삶, 반려동물과의 감성 교류, 내 몸을 위한 치유 등 지친 현대인의 생활에 활력을 주고 마음을 힐링시키는 자연주의 라이프를 추구합니다.

SHOJO TO BYOMEI DE HIKERU AIKEN NO BYOKI JITEN
Supervised by Munetsugu Ogata

Copyright ⓒ 2001 by Seibido Shuppan Co., Ltd.
All rights reserved
Original Japanese edition published
by Seibido Shuppan Co., Ltd.

Korean translation rights arranged
with Seibido Shuppan Co., Ltd.
through Japan Foreign-Rights Centre / Bestun Korea Agency
Korean translation rights ⓒ 2002
by Donghak Publishing Co.

이 책의 한국어판 저작권은
Japan Foreign-Rights Centre와
Bestun Korea Agency를 통한
Seibido Shuppan Co., Ltd.와의 독점계약으로
도서출판 동학사(그린홈)에 있습니다.
저작권법에 의해 한국 내에서 보호를 받는 저작물이므로
무단전재나 무단복제를 금합니다.